Albert Biesinger . Herbert Bendel . David Biesinger . Barbara Berger . Jörn Hauf

GOTT MIT NEUEN AUGEN SEHEN

Albert Biesinger. Herbert Bendel . David Biesinger .
Barbara Berger . Jörn Hauf

Gott mit neuen Augen sehen

Wege zur Erstkommunion

Für die Kindertreffen – Leitfaden

Völlig überarbeitete Neuauflage

Kösel

Der Kurs *Gott mit neuen Augen sehen* besteht aus:

Gott mit neuen Augen sehen
Wege zur Erstkommunion
* Familienbuch *
ISBN 978-3-466-36915-7

Gott mit neuen Augen sehen
Wege zur Erstkommunion
* Für das Leitungsteam und die Elterntreffen
– Leitfaden *
ISBN 978-3-466-36917-1

Umwelthinweis:
Dieses Buch wurde auf chlor- und säurefreiem Papier gedruckt

Sollte diese Publikation Links auf Webseiten Dritter enthalten, so übernehmen wir für deren Inhalte keine Haftung, da wir uns diese nicht zu eigen machen, sondern lediglich auf deren Stand zum Zeitpunkt der Erstveröffentlichung verweisen.

5. Auflage
Copyright © 2012 Kösel-Verlag, München,
in der Verlagsgruppe Random House GmbH,
Neumarkter Str. 28, 81673 München
Illustration: Mascha Greune, München
Umschlag: fuchs_design, München
Umschlagmotiv: Illustration: Mascha Greune, Bild: Gerhard Braun, Berlin
Druck und Bindung: Franz X Stückle Druck und Verlag, Ettenheim
Printed in Germany
ISBN 978-3-466-36916-4
www.koesel.de

Inhalt

Vorwort   7
Kommunionweg als Familienkatechese – Einleitung   9
Gruppe leiten – Gruppe begleiten   14
Zum Umgang mit diesem Buch   19
Gruppenrituale   26

I   Was uns wichtig ist   31

   1. Miteinander leben   33
   2. Tag für Tag   42
   3. Den anderen sehen   48
   4. Wir streiten und versöhnen uns   55

II   Viele Fragen – Unser Leben gibt uns zu denken   61

   5. Einmalig und unverwechselbar   63
   6. Was ist, wenn wir sterben?   69
   7. Wege zu Gott   74
   8. Raus aus der Sackgasse   79

III   Mit Jesus Gottes Spuren suchen   87

   9. In Gottes Hand geschrieben   89
 10. Mit Jesus in Kontakt   95
 11. Reich Gottes – Schatz für uns Menschen   100
 12. Unsere Tür zu Gott   105

IV   In Brot und Wein mit Gott verbunden   111

 13. Essen und Trinken hält uns am Leben   115
 14. Jesus lädt alle ein   121
 15. Tun, was Jesus getan hat   129
 16. Wandlung und Verwandlung unseres Lebens   133

V Miteinander Kirche sein   141

   17. Gott loben und danken – Mit Paula auf Entdeckungstour   143
   18. Ein Tag wie kein anderer   152
   19. Gemeinde – Miteinander weitergehen   158
   20. Katholisch – In der ganzen Welt zu Hause   165

Quellenverzeichnis   170

Vorwort

Wer Kinder in die Gottesbeziehung hineinbegleitet, macht ihnen das größte Geschenk ihres Lebens. Dass Kinder auf ihrer Wahrnehmungsebene spielerisch und nachdenklich Kommunion verstehen und leben lernen können, dazu will der vorliegende Leitfaden für die Kindertreffen beitragen. Begleiterin oder Begleiter einer Kindergruppe auf dem Kommunionweg zu sein, ist eine anspruchsvolle und interessante Aufgabe. Zur Vorbereitung und Gestaltung der Treffen der Kindergruppe finden Sie hier eine große Auswahl von Anregungen, klar strukturiert und durchschaubar. Kommunion im Alltag zu erleben und den Alltag in Kommunion mit Gott zu gestalten, ist die große Herausforderung für die Gruppenarbeit mit den Kindern. Darauf legen diese Anregungen für Lernprozesse mit Kommunionkindern Wert. Kinder lernen dabei von Ihnen und voneinander. Als Begleiterin oder Begleiter einer Kindergruppe auf dem Kommunionweg finden Sie in diesem Buch auch Unterstützung und Orientierung zu Ihren Fragen und Anliegen:

* Was ist wichtig für eine Gruppe?
* Wie kann ich selbst Kommunion tiefer verstehen?
* Was will ich den Kindern unbedingt erschließen?
* Wie kann ich möglichst gut auf ihre religiösen Fragen eingehen?

Viele Anregungen in diesem Buch tun nicht nur Kindern gut. Wir wünschen Ihnen selbst erfreuliche Glaubenserfahrungen mit den Ihnen anvertrauten Kindern.

Wir danken

Unser erster Dank gilt den zahlreichen Gemeinden in verschiedenen Ländern Südamerikas, die uns diesen Weg der Familienkatechese (catoquesis familiar) als lebendige Glaubens- und Gemeindeerfahrung gezeigt haben. In Peru, Chile und Bolivien wird catequesis familiar als Kommunionweg von Eltern und Kindern schon seit vielen Jahren realisiert. Dieses Buch hätten wir nicht schreiben können, wenn wir uns nicht selbst jahrelang mit Eltern und Kindern auf die Suche nach einer neuen Qualität des Kommunionwegs eingelassen hätten. Oft haben wir in den Gemeinden mit großen Augen und Ohren gesehen und gehört, wie motiviert und engagiert Begleiterinnen und Begleiter sich gemeinsam mit ihrer Kindergruppe auf den Kommunionweg gemacht haben. Besonders danken wir den vielen Gemeinden, die die neuen Möglichkeiten und Herausforderungen dieses Weges umgesetzt haben. Es war ein Lernprozess auf vielen Ebenen, sich auf eine solch neue Bedeutung von Eltern für ihre Kinder bei der Kommunionvorbereitung einzulassen. Herzlich danken wir ganz besonders allen Müttern, Vätern und Kindern sowie allen Begleiterinnen und Begleitern von Kommuniongruppen, mit denen wir in den letzten Jahren auf dem Kommunionweg unterwegs waren. In den vergangenen zehn Jahren haben sehr viele Gemeinden mit diesen Büchern ihren Kommunionweg als Familienkatechese gestaltet. Ihr Zuspruch und die vielen Rückmeldungen von Familien, Gruppenbegleitern und Seelsorgern haben uns ermutigt, **Gott mit neuen Augen sehen** an die sich wandelnden Arbeitsbedingungen und Bedürfnisse der Gemeinden anzupassen. Mascha Greune danken wir für die wundervollen Illustrationen. Claudia Lueg und Julia Sassenroth vom Kösel-Verlag danken wir für die kompetente und kreative Begleitung dieses Buchprojektes.

Wir widmen dieses Buch

Ihnen, den Begleiterinnen und Begleitern der Kindergruppen auf dem Kommunionweg.

Albert Biesinger / Herbert Bendel / David Biesinger / Barbara Berger / Jörn Hauf

Tübingen, am 6.12.2011 dem Fest des heiligen Nikolaus von Myra

Rückmeldungen können Sie richten an:

E-Mail: albert.biesinger@uni-tuebingen.de
Homepage: www.koesel.de/gemeinde

Kommunionweg als Familienkatechese

Einleitung

Der Kommunionweg, für den Sie sich zur Begleitung einer Kindergruppe bereit erklärt haben, hat einen ganz konkreten Namen: Familienkatechese. Dieser Name klingt für Sie möglicherweise fremd. Doch es geht in der Familienkatechese um ganz handfeste Anliegen. Bei der Kommunion geht es um Gemeinschaft – das bedeutet das lateinische Wort *communio* auf Deutsch. Weil man sich als einzelner Mensch kaum auf Gemeinschaft vorbereiten kann, trifft Familienkatechese eine klare Option: Das Kommunionkind geht nicht alleine zur Kommunion, sondern die Familie geht mit! Das Entscheidende an diesem Kommunionweg ist, dass die Eltern bei der Vorbereitung ihres Kindes zentrale Bedeutung haben und in der Begleitung ihres Kindes unterstützt werden. Was eine Mutter, ein Vater zu Hause dem Kind vermittelt oder nicht, kann niemand ersetzen. Dass die Mütter und Väter gemeinsam mit ihrem Kind Wege in die Beziehung mit Gott suchen und gehen, ist zentrales Anliegen der Familienkatechese, denn die Familie ist die grundlegende Gemeinschaft, in der ein Kind lebt; sie ist die Basis-Gemeinschaft. Familie in diesem Sinne meint nicht nur die klassische Familie. Viele Kinder leben heute bei ihren alleinerziehenden Eltern, abwechselnd bei ihren Müttern und ihren Vätern oder in anderen, sich verändernden vielfältigen Familienkonstellationen. All diese verschiedenen Lebenssituationen sind Formen von Familie, in denen Kindern die Beziehung zu Gott erschlossen werden kann. Für Kinder im Grundschulalter ist aber auch die Gruppe der Gleichaltrigen ein wichtiger Lernort. Eine Kindergruppe bietet den Kindern in der Vorbereitung auf die Kommunion Wesentliches: Im Umfeld des Glaubensgespräches zu Hause mit Mutter oder Vater oder anderen wichtigen Bezugspersonen können die Kinder unter gleichaltrigen Freundinnen und Freunden die einzelnen Themen des Kommunionweges auf spielerische Art und Weise vertiefen und sich darüber austauschen; oder aber, falls die Eltern sich auf das Gespräch mit ihrem Kind nicht einlassen, diese Themen neu kennenlernen.

Losgelöst vom Alltag und vom konkreten Leben kann religiöse Erziehung nicht gelingen. Es ist für ein Kind und seine Entwicklung entscheidend, ob und wie es in der Familie religiös erzogen wird. Religiöse Erziehung hat dabei weniger mit der Vermittlung von Sach- und Fachwissen zu tun, sondern ist vor allem eine Sache des Umgangs miteinander. Sie ist im Wesentlichen Gespräch, Beziehung und Begegnung. Die Begriffe Kommunion (Gemeinschaft) und Kommunikation (Gespräch) klingen nicht nur ähnlich, sondern hängen auch von der Sache her eng miteinander zusammen. Zwei Grundüberlegungen sind für die religiöse Erziehung wichtig: Jedem getauften Christen ist Gott in ausdrücklicher Weise nahe. Einem Kind zu erschließen, dass Gott immer schon bei ihm ist, dass er uns seinen Sohn Jesus Christus gesandt hat, wer Jesus war und was er wollte, das sind erste wichtige Schritte. Die Erschließung dieser Geheimnisse unseres Glaubens ist Grundlage dafür, dass ein Kind seine eigene Beziehung zu Gott aufbauen kann. Es beim Aufbau und der Gestaltung dieser Beziehung zu begleiten, ist der zweite Schritt. Begegnungsräume für die Gottesbeziehung zu schaffen, mit dem Kind über und zu Gott zu sprechen. Die Erschließung der Gottesbeziehung ist Katechese. Sie ermöglicht den Kindern, dass sie die Beziehung zu Gott und Jesus Christus entdecken und leben können. Die Kinder sind dabei auf Unterstützung und Förderung angewiesen. Als Begleiterin oder Begleiter einer Kindergruppe müssen Sie weder theologische noch pädagogische Profis sein. Als Christin oder Christ haben Sie Ihr eigenes Profil, Ihre eigene Beziehung zu Gott. Ihren eigenen Glauben den Kindern vorzuleben und sie daran teilhaben zu lassen, sich ihnen also mitzuteilen, ist Ihre wichtigste Aufgabe.

Über den Glauben sprechen

Auch für den Glauben gilt, dass Gespräch und Austausch die Menschen miteinander verbinden. Glaubensgemeinschaft braucht den Austausch über Erfahrungen im Glauben. Der Apostel Paulus sagt: „Der Glaube kommt vom Hören" (nach dem Römerbrief 10,17). Glaube setzt demzufolge voraus, dass jemand etwas von Gott erzählt und ein anderer zuhört. Kommunionweg als Familienkatechese setzt wesentlich auf das Gespräch in den Familien zu Hause. Diese Katechese will die Kommunikation anregen und fördern. Religiöse Erziehung hat dort die besten Chancen, wo Eltern sich bemühen, mit ihrem Kind über ihren eigenen Glauben zu sprechen. Glaube darf kein Geheimwissen oder Tabu sein, über das wir nicht sprechen. Glaube lebt davon, dass er mitgeteilt und ausgetauscht wird. Deshalb setzt Familienkatechese einen entschiedenen Akzent: Das Familiengespräch, der Austausch über den christlichen Glauben, das Sprechen der Eltern und ihres Kommunionkindes über und zu Gott, ist der zentrale Kern des Kommunionweges. Das Grundverständnis des christlichen Glaubens und auch der Eucharistie erschließen sich Eltern und Kinder zu Hause im Gespräch. Das ist für Eltern und Kinder oft eine gemeinsame Entdeckungsreise, die in der Kindergruppe unter Gleichaltrigen spielerisch weitergeführt und vertieft wird. Es geht also in der Kindergruppe wesentlich darum, (religiöse) Erfahrungen zu machen, zu teilen, sie einander mitzuteilen.

Warum das Ganze?

Kommunionkatechese will Eltern und Kindern einen Weg zur Kommunion eröffnen. Kommunion meint sowohl die Gemeinschaft mit Jesus Christus im Mahl der Feier der Eucharistie als auch die Gemeinschaft mit den anderen Gläubigen in der Gemeinde. Die Intensivierung der Kommunion und der Kommunikation in Familie und Gemeinde durch den Weg der Familienkatechese betrifft also nicht etwas Zweitrangiges oder Beliebiges, sondern sie trifft ins Zentrum des christlichen Glaubens. Die zwischenmenschliche Erfahrung ist gleichsam der Boden dafür, Jesus und seine Botschaft vom Reich Gottes aufnehmen und verstehen zu können. Der Kommunionweg ermöglicht diese Erfahrung: Gemeinde lebt auch von mir. Wenn Sie sich mit den Kindern in der Gruppe treffen, entsteht Gemeinschaft unter Christen. Die Kinder wachsen zusammen zu einer Gemeinschaft der Gemeinde. Deshalb ist es auch sinnvoll und wünschenswert, wenn viele Gruppen über die Feier des Kommuniontages hinaus weiterbestehen. Möglichkeiten dazu wären z.B. die Fortführung der Gruppe bei MinistrantInnen, Pfadfindern, in Kinder- und Jugendgruppen der verbandlichen oder freien katholischen Jugendarbeit. Auch könnte die Gruppe nach der Erstkommunion als Weggemeinschaft zur Firmung gemeinsam unterwegs sein. Weitere Vernetzungen bietet möglicherweise die Teilnahme und Mitwirkung bei Kinderfreizeiten, an Gemeindefesten, in Familiengruppen, bei Kinderchören usw.

Vorbildfunktion

Als Begleiterin oder Begleiter einer Kindergruppe sind Sie für die Kinder neben den Eltern bedeutende Vermittler und Identifikationsfiguren auf dem Kommunionweg. Vieles und Wesentliches werden Sie – ähnlich wie die Väter und Mütter in der Elternrolle – nicht so sehr durch bewusste pädagogische Maßnahmen vermitteln, sondern eher durch Ihre alltägliche und natürliche Persönlichkeit, durch Ihr Auftreten und Verhalten. In erster Linie ist die Art und Weise, wie Sie Ihrer Gruppe als Christin oder Christ begegnen, entscheidend. Diese Einsicht entlastet Sie erst einmal von allen inhaltlichen und pädagogischen Überlegungen. Wichtig ist Ihre Vorbildfunktion, da die christliche Botschaft nicht von ihren Vermittlern, ihren Boten und Zeugen zu lösen ist. Hinzu kommt, dass Kinder grundsätzlich durch die Teilhabe am Leben und Glauben der Erwachsenen ihren eigenen Glauben und ihr Leben lernen. Dies gilt nicht nur für das Verhältnis Eltern-Kind, sondern auch für das Verhältnis zwischen Ihnen und den Kindern.

Ein Netz von Gemeinschaften

Im Folgenden wollen wir Ihnen den Aufbau und die Anliegen der Familienkatechese verdeutlichen. Beim Kommunionweg als Familienkatechese treffen sich viele Menschen in verschiedenen Gemeinschaften bzw. Gruppen. Dies sind:

1 Die Gemeinschaft der Familie: die Eltern und das Kommunionkind im Familiengespräch.
2 Die Gemeinschaft der Erwachsenen einer Elterngruppe.
3 Die Gemeinschaft der Kinder einer Kindergruppe.
4 Die Gemeinschaft der (jugendlichen) Begleiterinnen und Begleiter der Kindergruppen.
5 Die Gemeinschaft der Begleiterinnen und Begleiter der Elterngruppen.
6 Die Gemeinschaft des katechetischen Leitungsteams.

Das Modell zeigt im Überblick, welche Gruppen beim Weg der Familienkatechese beteiligt und wie sie aufeinander bezogen sind.

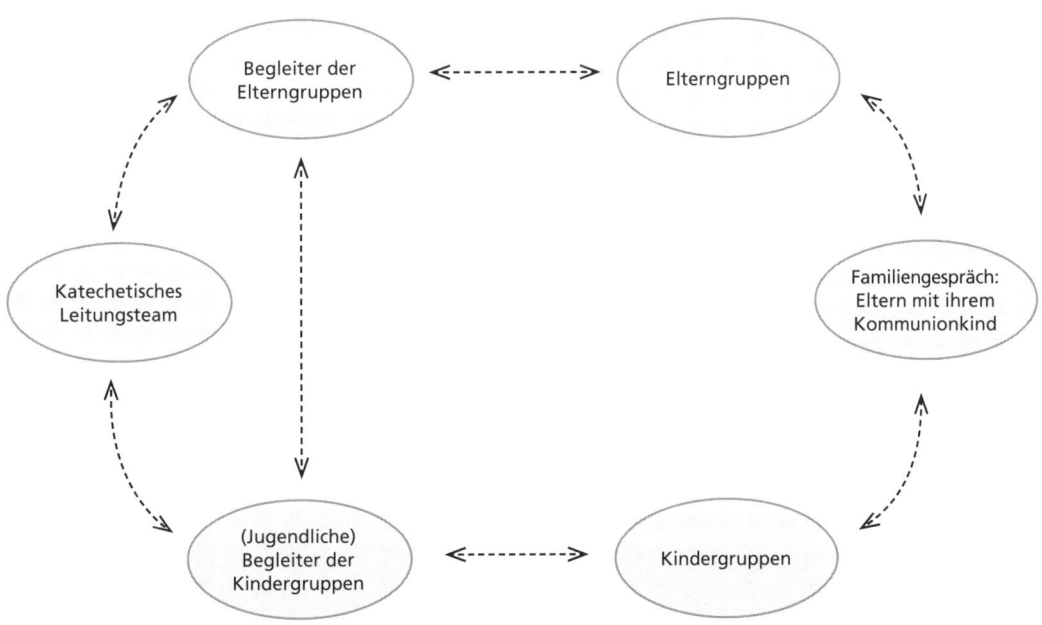

Familienkatechese ist ein Netz von Gemeinschaften. Sowohl die Eltern der Kommunionkinder als auch die Kommunionkinder selbst setzen sich mit ihrem Leben und ihrem Glauben auseinander. Sie sprechen über sich und ihr Leben. Eltern und Kinder, Begleiterinnen und Begleiter entwickeln sich durch ihren gemeinsamen Kommunionweg in ihrem christlichen Leben und Glauben weiter und versuchen, das Geheimnis ihres Lebens tiefer zu verstehen.

Die Eltern treffen sich – Elterngruppe

Vater und/oder Mutter begleiten ihr Kind auf dem Kommunionweg durch das gemeinsame Familiengespräch zu Hause. Indem sie sich regelmäßig in einer Elterngruppe treffen, haben die Eltern die Chance, sich untereinander auszutauschen, Neues zu erfahren für ihr Leben und ihren Glauben. Die Eltern machen sich gemeinsam Gedanken, was es bedeutet, in Beziehung mit Gott zu leben. Zusammen überlegen sie, wie sich das auf ihr eigenes Leben und ihr Leben als Familie positiv auswirken kann.

Die Eltern sagen es ihrem Kind weiter – Familiengespräch

Der zentrale Kern der Familienkatechese ist das Gespräch zu Hause in der Familie – das Familiengespräch. Durch dieses Gespräch bereiten Eltern ihr Kind wesentlich und hauptsächlich auf den ersten Empfang der Kommunion vor. Wer Jesus war, was seine Botschaft für uns heute heißt, was Brot und Wein beim Mahl der Kommunion bedeuten, das sollen Kinder in erster Linie von den eigenen Eltern erfahren. Diese begleiten ihr Kind hin zur Begegnung mit Jesus in der Feier der Eucharistie. Dazu trägt auch die Gemeinde ihren Teil bei.

Die Kinder vertiefen ihre Erfahrungen – Kindergruppe

Die Kommunionkinder treffen sich regelmäßig in überschaubaren Kindergruppen. Die Dauer und der Rhythmus – z.B. wöchentlich oder vierzehntägig – kann in jeder Gemeinde anders sein. Die Kindergruppe ist geprägt vom Charakter des Feierns und Spielens. Die Kinder können in der Gruppe mit ihren Freundinnen und Freunden, mit den anderen Kommunionkindern, die Themen, die ihnen die Eltern zu Hause vermittelt haben, vertiefen. Eine Vertiefung kann natürlich nur dort geschehen, wo zu Hause von den Eltern schon ein Anfang gemacht wurde. Wo dieser Grundstein zu Hause nicht gelegt wurde, erfolgt die Auseinandersetzung mit dem jeweiligen Thema erstmals in der Kindergruppe. Die Kindertreffen greifen deshalb zwar inhaltlich die Themen des Familiengesprächs zu Hause auf, sind aber in ihrem spielerischen Charakter zugleich eigenständige Einheiten. So kann ein Kind, bei dem zu Hause kein Familiengespräch stattgefunden hat, in das Thema eines Treffens hineinfinden, ohne dass es für die anderen Kinder zu einer langweiligen Doppelung kommt. Dadurch wird auch denjenigen Kindern, bei denen aus irgendwelchen Gründen eine aktive Begleitung durch die eigene Familie im Sinne des Modells Familienkatechese nicht möglich ist, die Teilnahme am Kommunionweg der Gemeinde ermöglicht. Für diese Kinder ist die Kindergruppe der zentrale Ort der begleitenden Vorbereitung.

Sie werden begleitet und unterstützt

Keine Gemeinschaft der Familienkatechese ist auf sich selbst gestellt, sondern jede Gruppe wird begleitet. Mit seinen Fragen und Erfahrungen ist somit niemand sich selbst überlassen. Sie begleiten eine Gruppe von Kommunionkindern auf dem

Weg zur Berührung durch Gott im Brot der Eucharistie. In den regelmäßigen Treffen mit anderen Begleiterinnen und Begleitern werden Sie vom katechetischen Leitungsteam unterstützt. Sie selbst werden dabei für Ihre Aufgabe in der Kindergruppe befähigt. Das katechetische Leitungsteam begleitet und koordiniert den gesamten Prozess des Kommunionweges. Die Häufigkeit der Treffen im Kreis der Begleiterinnen und Begleiter kann von Gemeinde zu Gemeinde verschieden sein. Je nach Gemeindesituation, nach Bedarf und Erfahrung der Begleiterinnen und Begleiter ist ein zwei-, drei- oder vierwöchentlicher Rhythmus denkbar. Mindestens einmal im Monat sollte jedoch dieses Zusammentreffen stattfinden, damit Sie sich untereinander für konkrete und überschaubare Zeiträume absprechen und auf die einzelnen Kindertreffen vorbereiten können – und nicht zuletzt, damit Sie sich gegenseitig unterstützen und austauschen können.

Begleitung als wechselseitiger Prozess

Diese Begleitung ist keine Einbahnstraße, sondern ein lebendiger, wechselseitiger Prozess. Sie begleiten sich in Ihrer Katecheten-Runde untereinander. Sie werden vom katechetischen Leitungsteam durch dessen Kompetenz, Ausbildung und Anleitung begleitet, und Sie wiederum begleiten durch Ihre Fragen, Erfahrungen und Einsichten das katechetische Leitungsteam. Sie selbst werden auch durch die Kinder Ihrer Gruppe begleitet: Deren Ansichten, Fragen und Einsichten werden Ihnen oftmals einen neuen Blick für Wegzeichen auf Ihrem eigenen Lebens- und Glaubensweg eröffnen. Grundgedanke der gegenseitigen Begleitung ist: Wir helfen einander, unseren Glauben besser zu verstehen, und überlegen gemeinsam, wie wir ihn leben können. Als Begleiterin und Begleiter einer Kindergruppe geben Sie den Kindern die entsprechenden inhaltlichen Impulse, Sie bereiten Spiele, Gespräche, Meditationen, Lieder, Gebete usw. vor und moderieren das gemeinsame Tun mit den Kindern.

Kommunion und Kooperation

Als Begleiterin oder Begleiter nehmen Sie nicht nur für die Kindergruppe eine zentrale Rolle ein, sondern haben auch für die entsprechende Elterngruppe eine Art Schlüsselstellung. Diese liegt darin begründet, dass die Eltern in einem hohen Grad an den Geschehnissen und Prozessen der Kommunionvorbereitung ihres Kindes interessiert sind. Insofern können Sie durch eine enge Kooperation und offene Kommunikation mit den Eltern wesentlich zu einem lebendigen Prozess in der Elterngruppe beitragen. Der Blick auf das Modell der Familienkatechese kann Ihnen nochmals verdeutlichen, wie Sie mit Ihrer Kompetenz und Rolle eine zentrale Schlüsselposition innehaben und in Vernetzung mit anderen Gemeinschaften stehen.

Die Begleitung zur Kommunion erfordert auch, wesentliche Themen der Kommunion zum Inhalt der Kindertreffen zu machen – dazu ist dieses Buch geschrieben worden. Es will Ihnen eine Hilfe sein, damit Sie mit den Ihnen anvertrauten Kindern diese wichtigen Themen entfalten können. Die Sprache dieses Buches trifft vielleicht nicht immer Ihre eigene Sprache. Deshalb ermutigen wir Sie, Ihre eigene Sprache, Ihre eigenen Worte und Gesten für die Kindertreffen zu finden. Das Buch ist wie ein Geländer, das Ihnen dabei Orientierung geben will.

Gruppe leiten – Gruppe begleiten

Eine Gruppe von Kindern auf ihrem Kommunionweg zu begleiten, ist eine interessante Aufgabe. Kinder sind mit großen Augen und Ohren unterwegs ins Leben. Sie haben ihre eigenen – zum Teil überraschenden – Fragen und suchen Gott auf ihre Weise. Es ist nicht nur eine Aufgabe, vielmehr kann es eine Freude sein, sich mit Kindern so auf den Weg zu machen.

Warum eine Gruppe begleiten?

Wenn Sie Ihre eigene Motivation daraufhin befragen, warum Sie diese Aufgabe übernehmen, so ist es möglicherweise Ihr Engagement für andere, Ihre Mitsorge in der Gemeinde, dass die nachwachsende Generation den christlichen Weg finden und beschreiten kann. Hoffentlich haben Sie in Ihrer eigenen Kindheit und Jugendzeit gute Erfahrungen mit Gott, aber auch mit der Gemeinde/in kirchlichen Gemeinschaften machen können, sodass Sie in sich spüren, diese Aufgabe übernehmen zu können. Indem Sie Kinder auf diesem Weg begleiten, geht es ja um mehr als nur um die Übernahme einer Funktion. Sie werden für die Kinder als Wegbegleiterin und Wegbegleiter im Sinne des Lebens- und Glaubenszeugnisses bedeutsam. Deswegen ist es eine Hilfe, in der eigenen Biografie nachzufühlen, wie es Ihnen selbst als Kommunionkind ergangen ist, wer Sie begleitet hat und was Sie damals als hilfreich oder als störend empfunden haben. Wenn Sie so aus Ihrer eigenen Lebensgeschichte heraus diese Aufgabe übernehmen, ist es umso mehr stimmig, sich mit Kindern auf den Weg zu machen.

Was bedeutet es, eine Gruppe zu begleiten?

Sie sind wichtige Ansprechpartnerin und wichtiger Ansprechpartner für die Kinder auf ihrem Weg zur Kommunion. Dazu gehört zunächst einmal, dass Sie einen Raum der Begegnung schaffen, den Kindern Sicherheit geben in der Begegnung untereinander und eine Atmosphäre der Offenheit und einfühlsamer gegenseitiger Annahme bereiten. Ohne einen solchen Begegnungsraum, in dem Vertrauen, Fragen, gemeinsame Suchprozesse und auch Entscheidungen für Jesus gedeihen können, wird der Kommunionweg nicht zu einem sinnvollen Abschluss kommen. Sie sind Vertraute der Kinder, die Geborgenheit und Unterstützung in ihren persönlichen Interessen und auch in der Annahme ihrer Eigenarten und Schwächen brauchen. Kinder im Kommunionalter sind oft sehr zutraulich und offen in der Kommunikation. Es ist wichtig, dieses Zutrauen als Vertrauensbeweis zu verstehen und sensibel damit umzugehen.

Nähe zu den Kindern im liebevollen Umgang miteinander zu pflegen, aber auch Distanz als Gegenüber, als Gruppenleiter, zu bewahren, hilft meistens, den Bedürfnissen der einzelnen Kinder gerecht zu werden. So wichtig das Begleiten auf dem Kommunionweg ist, so wichtig kann in einzelnen Situationen auch das Leiten werden, um der Gruppe Halt und Perspektive zu geben. Als Begleiterin und Begleiter einer Gruppe sind Sie in einer besonderen Rolle. Die Art und Weise, wie Sie Ihre Gruppe leiten, ist für das Gelingen des Kommunionweges mit ausschlaggebend. Eine Gruppe ist mehr als die Ansammlung von einzelnen Personen. Die Mitglieder einer Gruppe erzeugen eine eigene Dynamik und bringen spezielle

Energien hervor. Manchmal ist es so, dass sich einzelne Personen in einer Gruppe völlig anders verhalten als in sonstigen Zusammenhängen. Die Dynamik einer Gruppe, ihr lebendiger Prozess, soll bei Ihnen aber keine Bedenken hervorrufen, vielmehr kann sie Ihnen eine Vielzahl sehr erfreulicher Erfahrungen ermöglichen. Wie Sie Ihre Gruppe begleiten und leiten, hängt immer auch mit Ihrem persönlichen Stil und letztlich mit Ihrer Persönlichkeit zusammen.

Hilfreiche und weniger hilfreiche Leitungsstile

Der Umgang mit Unruhe in der Gruppe ist ein heikles Thema, weil Kinder in diesem Alter sehr lebendig und oft nicht so leicht zu „bändigen" sind. Sie werden mehr erreichen, wenn Sie eine interessante Gestaltung wählen und zwischen Phasen der Bewegung, des gemeinsamen Spiels, der Ruhe, der Meditation und des Betens abwechseln. Viele Kinder können in diesem Alter nicht lange sitzen, ohne dass es für sie mühsam und unerträglich wird. Im Umgang mit Konflikten ist es wichtig, schwache Kinder in der Gruppe vor den Stärkeren zu schützen, aufkeimenden Streit rechtzeitig zu schlichten und die Kinder immer wieder auch in Zweiergesprächen miteinander zusammenzubringen. Wenn es Störungen, Konflikte, Streit, Unruhe usw. gibt, dann bewährt es sich oft, so lange wie nötig zu unterbrechen, zu versuchen, die Störungen zu lösen, und dann erst wieder thematisch weiterzumachen.

Dieser Leitfaden kann sich hier nicht auf eine einzige Konzeption der Gruppenleitung festlegen, ebenso wenig kann er eine Gruppenleiterausbildung ersetzen – einige von Ihnen werden zudem sicherlich bereits Erfahrung im Begleiten von Gruppen haben. Vielmehr geht es im Folgenden darum, einen knappen Überblick über grundsätzliche Handlungsweisen, Regeln und Verhaltensmuster zu geben, die für die Begleitung einer Gruppe von Kommunionkindern hilfreich sein können. Wenn Sie diese oder auch andere erprobte Regeln flexibel anwenden, ist die Wahrscheinlichkeit, dass Ihre Gruppenarbeit erfreulich gelingt, höher, als wenn Sie solche Regeln nicht beachten.

Im groben Überblick sind drei Leitungsstile zu unterscheiden:

* der Laissez-faire Leitungsstil – „Alles ist erlaubt, lass sie nur machen."
* der sozial-integrative Leitungsstil – „Gemeinsam sind wir stark."
* der autoritäre Leitungsstil – „Ihr tut nur, was ich sage."

Der *Laissez-faire-Stil* ist für die Leitung einer Gruppe nicht angebracht, weil Kinder dabei kaum einen einfühlsamen Umgang oder ein respektvolles Sprechen miteinander lernen. Die Gruppe kann leicht in Streit oder Chaos geraten: Keiner hört auf den anderen und keiner kann sich vernehmbar machen, vor allem die Schwächeren nicht.

Der *autoritäre Leitungsstil* ist das Gegenteil davon. Leiterinnen und Leiter boxen ohne Rücksicht auf die Einzelnen, auf deren Situation, deren verschiedene Ausgangslagen, Probleme und Interessen, einfach das durch, was sie thematisch oder methodisch vorbereitet haben: Die Kinder als eigenständige Personen werden dabei unterdrückt. Dies darf grundsätzlich in keinem Lebensbereich passieren. Erst recht aber nicht bei einem so anspruchsvollen und auf gelingende Kommunikation angewiesenen Prozess wie dem Kommunionweg. Es wäre geradezu widersinnig, Communio durch unkommunikative, autoritäre Verhaltensweisen lehren und lernen zu wollen. Während sich beim Laissez-faire-Stil die Kinder oft über das Chaos in der Gruppe beschweren oder, dass überhaupt kein Thema sichtbar werde und sie das Gefühl haben: „Wir haben noch nicht einmal gut miteinander gespielt", ist es beim autoritären Leitungsstil gerade umgekehrt: Niemand traut sich, aus sich herauszugehen. Eigene Interessen werden nicht geäußert, Gefühle schon gar nicht.

Es dürfte Ihnen ohne weitere Argumente deutlich sein, dass sich diese beiden Leitungsstile nicht anbieten.

Der sinnvollste Leitungsstil ist der *sozial-integrative*. Die einzelnen Kinder werden in ihrer Persönlichkeit geschätzt und ernst genommen. Ihre eigene Lebenswelt wird auf die Gemeinschaft mit Jesus Christus hin erschlossen und umgekehrt. Als Begleiterin und Begleiter haben Sie dabei entsprechend die Aufgabe, die Schritte für die einzelnen Kindertreffen so vorzubereiten, dass die Kinder mit ihren Möglichkeiten einbezogen werden. Je mehr Sie in sich selbst hineinhorchen, was dieses Thema in Ihnen zum Schwingen bringt, umso mehr können Sie sich in Kinder hineinversetzen und sie dabei begleiten, ihre eigene Christus-Beziehung aufzubauen. Die Kinder Ihrer Kommuniongruppe merken schnell, ob sie Ihnen wichtig sind, ob Sie Freude daran haben, sich mit ihnen zu treffen, mit ihnen zu spielen, über Gott und die Welt nachzudenken und mit ihnen zu beten. An der Atmosphäre, die Sie schaffen, entscheidet sich für die Kinder, ob sie gerne in die Gruppe gehen oder nicht. Der sozial-integrative Leitungsstil legt Wert darauf, die Kinder so zu begleiten und anzuleiten, dass sie sich selbst leiten können. Es nützt nicht viel, wenn sich Kinder nur dann auf die Beziehung zu Jesus Christus einlassen, wenn Sie, die Eltern, die Lehrer oder andere Bezugspersonen dies fordern. Es ist wichtig, dass Kinder Schritt für Schritt ihre eigenen konstruktiven und hilfreichen Verhaltensweisen entwickeln können und ihre eigenen Glaubensverständnisse von den Begleitpersonen unterstützt werden. Eine nur fremdbestimmte Beziehung zu Jesus Christus wird nicht lange anhalten und ist nicht das, was Kommunion meint.

Die Bedeutung der Kindergruppe auf dem Kommunionweg

Familienkatechese geht davon aus, dass die Eltern religiöse Wegbegleiter ihrer eigenen Kinder sind. Dies ist leider nicht für alle Kinder möglich. Manche Eltern haben entweder kein Interesse an religiösen Fragen oder sind aufgrund von Lebensschicksalen so mit sich selbst und mit dem alltäglichen Überleben beschäftigt, dass sie nur wenig Kraft haben, sensibel auf die religiösen Bedürfnisse und Fragen ihrer Kinder einzugehen. Aber nicht nur dies ist der Grund dafür, dass Familienkatechese die Kindergruppe auf dem Kommunionweg für wesentlich hält: Kinder brauchen zugleich dringend die Möglichkeit, unter Gleichaltrigen das spielerisch umzusetzen, was ihnen auf dem Weg zur Kommunion erschlossen wird. Kinder lernen unter ihresgleichen Rücksicht, erfahren Gemeinschaft und können sich mit ihren altersgemäßen Vorstellungen über Gott und die Freundschaft mit Jesus untereinander verständigen. Dieses Lernen unter Gleichaltrigen ist unter pädagogischen Gesichtspunkten eine ganz wesentliche Erfahrung, die auf dem Kommunionweg als Familienkatechese den Kindern etwas eröffnet, was die Eltern ihren eigenen Kindern so wiederum nicht ermöglichen können. Es wird ein Raum eröffnet, die Freundschaft mit Jesus auf dem Weg zur ersten Kommunion in spielerischer Vertiefung und gemeinschaftlicher Erfahrung umzusetzen. Die Wahrnehmungsmöglichkeiten von Kindern sind von Sehen und Hören über Spielen, Tasten und Fühlen bis hin zu Meditieren breit angelegt. In Ihrer Kindergruppe können die Kinder mit all ihren Möglichkeiten angesprochen und gefordert werden.

Was ist für eine Gruppe wichtig?

Kinder im Alter von acht bis zehn Jahren haben ein hohes Interesse, möglichst viel von ihrer Welt und Umgebung, von Menschen und Kontakten in sich aufzunehmen und zu verarbeiten. Die meisten sind für Begegnung offen. Sie haben es mit den Kindern zunächst einmal leicht, weil Sie als Bezugs- und Vertrauensperson für die Kinder wichtig sind. In der religiösen Entwicklung lassen Kinder dieses Alters ein Glaubensverständnis hinter sich, das bisher eher intuitiv und ahnend war. Kinder wollen jetzt Klarheit gewinnen über das, was wirklich ist, und das, was nur wirklich zu sein scheint. Ihr Denken wird konkret und sie operieren auch mit eigenen Glaubensvorstellungen. Glaubensinhalte übernehmen sie wörtlich. Auch Symbole wie etwa Wein und Brot werden eindimensional und wörtlich verstanden – zunächst. Manche Kinder beginnen schon, nach Gegensätzen und Widersprüchen zu fragen, und lassen sich dadurch zum Nachdenken anregen. Ihr Glaube sucht nach einem Zusammenhang und einer sinnvollen Bedeutung. Für die Religiosität eines Kindes sind diese Monate des Kommunionweges eine wichtige Entwicklungszeit von Möglichkeiten, das eigene Leben zu interpretieren und die Beziehung mit Jesus Christus zu verstehen und zu festigen. Oft kommen Kinder im Kommunionalter schon mit einem persönlichen Gottesbild „unter dem Arm" in die Kindergruppe. Ihre Aufgabe ist, dies wahrzunehmen, den Kindern die Nähe Gottes mitzuteilen und sie zu unterstützen, ihre individuelle Beziehung zu Gott selbst aufzubauen. Als Hilfe dazu sind die Anregungen dieses Buches ausgearbeitet; je kreativer und selbstbewusster Sie mit ihnen umgehen, je konkreter Sie diese Materialien auf das Leben der Kinder in Ihrer Gruppe beziehen, desto interessanter entwickelt sich in ihr das Beziehungsgeflecht untereinander und mit Jesus Christus. Dieses Buch spricht sicherlich nicht immer Ihre eigene Sprache, deshalb ermutigen wir Sie, Ihre Sprache, Ihren eigenen Umgang mit den Anregungen für die Kindertreffen zu finden.

Für die Gruppe sind regelmäßige Treffen von Beginn an wichtig, damit sie als Gemeinschaft zusammenfindet und nicht eine beliebige Veranstaltung bleibt, zu der jeder nur kommt, wann er Lust dazu hat. Sie werden merken, dass auch Kinder einen vollen Terminkalender haben und ebenso wie Erwachsene Wichtiges von Unwichtigem zu unterscheiden lernen müssen. Der Kommunionweg ist in seiner Wichtigkeit auch im Blick auf die Zeitplanung mit den Kindern zu besprechen. Wenn Sie am Anfang diesen Schritt der Gewichtung für die nächsten Monate nicht realisieren, haben manche Kinder möglicherweise gar kein Verständnis dafür, warum sie sich regelmäßig treffen sollen. Wöchentliche Treffen haben den Vorteil, dass vom Zeitablauf her genügend Phasen des gemeinsamen Erfahrens, des gemeinschaftlichen Meditierens, Betens und Spielens zur Verfügung stehen.

Für die Begleitung Ihrer Gruppe ist es wichtig, von Anfang an auf einen einfühlsamen und respektvollen Umgang miteinander zu achten. Auch wenn dies nicht selbstverständlich und manchmal nur schwierig durchzusetzen ist: Jeder hört jedem zu. Keiner wird ausgelacht. Jeder ist in der Gruppe gleich wichtig. Gemeinsam sind wir stark. Keiner wird ausgegrenzt. Wir fangen gemeinsam an. Wir hören gemeinsam auf. Die damit einhergehende Offenheit füreinander ist nicht von vorneherein da; sie muss als oft mühsamer Lernprozess angestrebt und von Ihnen stets aufmerksam im Auge behalten werden. In der Vorbereitung der Treffen ist es unerlässlich, sich selbst über den Inhalt und den geplanten Verlauf klar zu werden. Unvorbereitet in die Gruppe zu gehen ist für beide Teile unerfreulich. Die Kinder merken dies sofort und auch für Sie kommt es dann zu wenig ermutigenden Situationen. Die Möglichkeiten für die Vorbereitung sind aufgrund der Anregungen dieses

Kommunionweges erheblich erleichtert, besonders dann, wenn Sie damit selbstbewusst und für Ihre Situation stimmig umgehen.

Wenn Sie Ihre Gruppe mit einer inneren Begeisterung leiten, dann wird sie Ihnen trotz der Mühen in der Vorbereitung und Gestaltung mehr Freude als Last bedeuten. Die Gruppe als Freiraum für die Kinder wird umso mehr erfahrbar, wenn Sie sich auch als Gegenüber zur Kindergruppe so verstehen, dass daraus eine Beziehung sowohl unter den Kindern als auch zwischen den einzelnen Kindern und Ihnen erwachsen kann. Ein Freiraum kann dann entstehen, wenn der Umgang miteinander getragen ist von gegenseitigem Hinhören, gegenseitiger Achtung und Interesse an den anderen. Ein sensibler, den Wahrnehmungsmöglichkeiten der Kinder entsprechender Umgang mit dem Thema Kommunion wird möglich durch das Ernstnehmen der Ausgangslage der Kinder und deren Möglichkeiten, sich mit der Welt auseinanderzusetzen. Die Zusammenarbeit mit den Eltern der Ihnen anvertrauten Kinder ist angebracht, da Sie ohne Kontakt mit ihnen manches nicht verstehen können, was Ihnen die Kinder an Fragestellungen und Problemen anvertrauen. Es ist oft hilfreich, wenn Sie die Eltern der Kinder persönlich kennenlernen und damit auch eine Vernetzung mit den Familien entsteht, die über die Kindertreffen hinaus tragen kann.

Sie können Kinder überfordern, indem Sie von ihnen zu viel an eigener Verantwortung verlangen. Andererseits kann man Kinder aber auch unterfordern und fremdbestimmen, indem man ihnen zu wenig Eigeninitiative ermöglicht und sie in den entsprechenden Lernschritten ungenügend unterstützt. Der vorliegende Kommunionkurs legt hohen Wert darauf, Selbsttätigkeit und Selbstständigkeit in der Gruppe zu entwickeln.

Jugendliche Gruppenbegleiter

Im Blick auf die Kommunion ist es für den deutschsprachigen Raum etwas Neues, dass nicht nur Erwachsene, Väter und Mütter, sondern auch Jugendliche – gemeinsam mit Eltern oder alleine – eine Kindergruppe auf dem Kommunionweg begleiten. Die Kinder haben eher eine Chance, nach der ersten Kommunion als Kindergruppe der Gemeinde weitergehen zu können, wenn Jugendliche als Begleiter bereits am Kommunionweg beteiligt sind. Die Kinder gewöhnen sich an die Jugendlichen, die Jugendlichen gewöhnen sich an die Kinder. Durch diese Beziehung wächst die Gemeinschaft zwischen Kindern und Jugendlichen, sodass sie mit dem Kommunionfeiertag nicht abbrechen muss, sondern weitergehen kann. Auch die gemeinsame Leitung durch Eltern und Jugendliche ist von großem Vorteil. Sie kann sich gegenseitig ergänzen und – so die ersten Erfahrungen – sehr gruppenfördernd verlaufen.

Zum Umgang mit diesem Buch

Die Kindertreffen des Kommunionweges **Gott mit neuen Augen sehen** und damit auch dieses Buch sind eng mit den Bausteinen zum Familiengespräch im Familienbuch vernetzt, da das Familiengespräch zwischen Eltern und Kindern zu Hause in der Kindergruppe unter Gleichaltrigen spielerisch weitergeführt und vertieft wird. Die vorliegenden Materialien der Kindertreffen sind inhaltlich ausgearbeitet und thematisch abgerundet. Sie sind aber keine in sich abgeschlossenen Vorlagen, die Sie beim Kindertreffen einfach nur vorlesen können. Sie sind Modelle von Kindertreffen, die es Ihnen ermöglichen, sich unkompliziert und dennoch umfassend auf das nächste Treffen Ihrer Kindergruppe vorzubereiten. Die inhaltlichen Gedanken und auch die verbindenden Überlegungen sind Denkanstöße für die Fragen: Wie erschließe ich den Kindern meiner Gruppe zu diesem oder jenem Thema einen Zugang? Einige Elemente wie etwa Geschichten oder Lieder sind zum Vorlesen, teilweise auch zum Kopieren und Austeilen gedacht. Sie finden jeweils den entsprechenden Hinweis in der Tabelle zu Beginn jedes Kindergruppentreffens.

Dieses Buch enthält 20 Kindertreffen, passend zu jedem Baustein für das Familiengespräch im Familienbuch. Aus den 20 Bausteinen sowie der unverzichtbaren Erläuterung der einzelnen Elemente der Feier der Eucharistie durch die Geschichte **Mit Paula auf Entdeckungstour** im Familienbuch und somit auch aus den dazugehörenden Kindertreffen wird Ihre Gemeinde vielleicht auswählen und somit eigene Schwerpunkte auf dem Kommunionweg setzen. Wann welches Kindertreffen ansteht, wird das katechetische Leitungsteam gemeinsam mit Ihnen überlegen und abklären. Durch die Vielzahl der verschiedenen Gemeinschaften auf dem Kommunionweg ist ein Verlaufsplan notwendig, damit die inhaltliche Arbeit gut aufeinander abgestimmt ist. Diesen Verlaufsplan erstellt jedes katechetische Leitungsteam für sich, damit sie den Kommunionweg bestmöglich auf die eigenen pastoralen Bedürfnisse und Optionen abstimmen kann.

Der Aufbau dieses Buches

Die Kindertreffen dieses Buches sind – parallel zu den Bausteinen im Familienbuch – in folgende fünf Themenbereiche gegliedert:

* Was uns wichtig ist
* Viele Fragen – Unser Leben gibt uns zu denken
* Mit Jesus Gottes Spuren suchen
* In Brot und Wein mit Gott verbunden
* Miteinander Kirche sein

Jeder Themenbereich beginnt mit einem Orientierungstext für Sie selbst zu den Themen der nächsten Kindertreffen. Diese Einstimmung hilft Ihnen, sich selbst nochmals zu vergewissern, um welche Inhalte es in den kommenden Wochen auf dem Kommunionweg gehen wird. Sich für die Vorbereitung der Kindertreffen Zeit zu nehmen und darüber nachzudenken, was diese kommenden Kindertreffen mit Ihrem eigenen Leben, Ihrer eigenen Beziehung zu Gott zu tun haben, hilft Ihnen bei der Begleitung Ihrer Kindergruppe und bringt Sie selbst weiter.

Der Aufbau der einzelnen Kindertreffen

Um Ihnen die Arbeit mit diesem Buch zu erleichtern, sind die vorliegenden Kindertreffen immer gleich gegliedert, das jeweilige Thema wird mit derselben wiederkehrenden Abfolge von Elementen erschlossen. Zu Ihrer Orientierung beginnt jeder Entwurf für ein Kindertreffen mit der Kernaussage des entsprechenden Bausteins zum Familiengespräch aus dem Familienbuch und mit einer Übersichtstabelle über das Kindertreffen und seine Elemente.

Kernaussage

Die Kernaussage des entsprechenden Bausteins zum Familiengespräch aus dem Familienbuch ist erster Anknüpfungspunkt für jedes Kindertreffen. Sie verdeutlicht Ihnen kurz die Sinnspitze des Themas. Es handelt sich hierbei um keine Merk- und Abfragesätze, sondern um eine Zielformulierung, die Ihnen den inhaltlichen Kern des jeweiligen Bausteins zum Familiengespräch zu Hause deutlich macht. Damit wird die gedankliche Verknüpfung zwischen dem Familiengespräch zu Hause und dem jeweiligen Kindertreffen nachvollziehbar und es wird für Sie klar, welche inhaltliche Botschaft Sie mit den Kindern spielerisch entdecken und vertiefen können. Sie können so den Faden des Familiengespräches aufnehmen.

Übersichtstabelle

Die Tabelle ermöglicht Ihnen bei der Vorbereitung einen schnellen Überblick. Die Zeitangabe vermittelt Ihnen ein ungefähres Gefühl für die Länge der einzelnen Elemente, die natürlich je nach Gruppengröße und -zusammensetzung unterschiedlich ausfallen kann. Die einzelnen Kindertreffen sind unterschiedlich lang und variieren von 60 bis 90 Minuten. Die Rubrik Materialien zeigt Ihnen, was Sie vorbereiten und zum Kindertreffen mitnehmen müssen.

Die Kernaussage und die Übersichtstabelle geben Ihnen so einen ersten kurzen Überblick zur inhaltlichen und organisatorischen Struktur des einzelnen Kindertreffens, zugleich ist die Tabelle auch eine Material-Checkliste.

Die immer wiederkehrenden Elemente im Ablauf jedes Kindertreffens sind:
* Einstieg – Gruppenspiel
* Gruppenritual
* Hauptteil
* Abschluss
* Für zu Hause
* Kopiervorlagen

Diese Elemente erleichtern Ihnen die Vorbereitung und vor allem die Durchführung und Gestaltung der Kindertreffen. Diese stets gleichbleibende Abfolge der Elemente baut auf folgenden Gedanken auf:

Einstieg – Gruppenspiel

Zu Beginn eines jeden Treffens findet die Gruppe spielerisch zusammen. Im Spiel nähert sie sich dem Thema. Mit gleichaltrigen Kindern zusammen zu spielen und darin Gemeinschaft auf dem Kommunionweg zu erleben, ist Sinn und Zweck des Einstiegs. Die Kinder bekommen die Möglichkeit, sich auszutauschen und auszutoben – vor allem auch ihren Bewegungsbedürfnissen möglichst freien Lauf zu lassen, bevor sie sich auf eine mehr inhaltlich akzentuierte Auseinandersetzung einlassen. Einige Kindertreffen beginnen nicht mit Spielen im herkömmlichen Sinn, sondern mit spielerischen Elementen, die zum Inhalt hinführen können. Die Spiele zum Beginn der Gruppenstunden gehen von bewegten allmählich zu ruhigeren Spielen über. Dennoch kann es in sehr aufgeweckten Kindergruppen schwierig sein, die Kinder nach dem bewegten Einstieg zu Ruhe und Sammlung zu führen. Sollte dies in Ihrer Kindergruppe öfter der Fall sein, können Sie die Spiele auch an den Schluss des Treffens setzen – als gemeinsamen bewegten Ausklang. Sie können auch mit dem Gruppenritual beginnen und das Spiel daran anschließend anleiten.

Gruppenritual

Bei jedem Kindertreffen kommt immer dasselbe Gruppenritual vor. Die Kinder können so spüren, dass es sich beim Kommunionweg nicht um ein beliebiges Kindertreffen handelt, sondern dass sie sich gemeinsam aufgemacht haben, das Geheimnis Gottes zu erspüren. Das Gruppenritual ist eine meditative Einstimmung auf den Hauptteil des Gruppentreffens. Es hilft den Kindern und Ihnen, ruhig zu werden und sich auf das Kommende zu konzentrieren. Damit der Übergang von der Begrüßung zum Gruppenritual nicht zu abrupt ist, können Sie die Kinder bereits in die Vorbereitungen der gemeinsamen Meditation einbinden.

Für die unterschiedlichsten Kindergruppen ein einziges, verbindliches Gruppenritual vorzugeben, macht wenig Sinn, zu unterschiedlich sind die Wahrnehmungsfähigkeiten der einzelnen Kinder und Gruppen. Auf den Seiten 26–28 finden Sie deshalb verschiedene Gruppenrituale zur Auswahl. Entscheiden Sie sich für eines davon, und bauen Sie dieses in jedem Kindertreffen an der entsprechenden Stelle ein. Falls Sie aus Ihren Erfahrungen eine andere kindgemäße meditative Übung kennen und lieber mit dieser arbeiten, ist dies sinnvoll. Wichtiges Anliegen des Gruppenrituals ist es, dass es in jedem Kindertreffen in gleicher Weise am gleichen Platz vorkommt. Es gibt der Gruppe die Möglichkeit, sich zu sammeln und zur Ruhe zu kommen. In jedem Kindertreffen wird so ein Moment der Besinnung möglich. Die Sinne werden neu sensibilisiert und geöffnet, damit Sie sich mit den Kindern dem Verstehen der folgenden Elemente zuwenden können. Deswegen ist

für jedes Kindertreffen diese ruhige und meditative Phase vorgesehen, die Sie entsprechend anleiten können. In manchen Gruppen sind längere Phasen nötig, bis die Kinder innerlich ruhig werden können. In anderen Gruppen geht es schnell, dass Kinder diese Erfahrung der Ruhe und der Konzentration positiv wahrnehmen und sie geradezu fordern. Die konkrete Zusammensetzung der Gruppe und die Aufgeschlossenheit der Kinder für verschiedene Wege sind letztlich mit entscheidend für solche Prozesse. Falls Sie nach einigen Gruppentreffen merken, dass sich die Kinder auf das Gruppenritual nur widerwillig einlassen, ist es je nach Situation vielleicht notwendig, zwischen den vorgeschlagenen Ritualen abzuwechseln.

Hauptteil

Der Hauptteil ist das inhaltliche Zentrum jedes Kindertreffens und vertieft den bereits in der Familie besprochenen Baustein zum Familiengespräch mit unterschiedlichen Zugangsweisen. An einigen Stellen wird auf Elemente des Familienbuches verwiesen; dieses bringen die Kinder möglichst zu jedem Kindertreffen mit. Sie haben so die Möglichkeit, Bilder, Lieder und Texte aus dem Familienbuch in Ihr Kindertreffen entsprechend mit einzubinden, auch als Ergänzung zu den Anregungen dieses Buches. Dies wird insbesondere an den Stellen notwendig sein, an denen wichtige Kernstücke unseres christlichen Glaubens zur Sprache kommen und Sie den Eindruck haben, dass der jeweilige Baustein zum Familiengespräch nochmals herangezogen werden sollte, weil vielleicht nicht alle Kinder diesen bereits zu Hause besprochen haben. Sie werden sehen, dass einige verbindende Texte im Hauptteil nicht direkt für die Arbeit mit den Kindern gedacht, sondern Material für Sie selbst sind, mit dem Sie sich auf das Gespräch mit den Kindern vorbereiten können.

Abschluss

Im Mittelpunkt dieses Elementes steht durchgängig die Gruppenkerze. Sie wird im Laufe des Kommunionweges eine große Rolle spielen und wird immer weiter gestaltet und verziert. Die Kerze wird zum Symbol der Gruppe und wächst in ihrer Ausgestaltung sichtbar mit – wegen der Einführung der Gruppenkerze und dem stark gemeinschaftsbildenden Charakter sollte das erste Gruppentreffen nicht ausgelassen werden! Der Abschluss des Kindertreffens greift den Kerngedanken des Themas in Form eines Liedes oder eines Gebets auf. Im Kreis um die Gruppenkerze wird die Gemeinschaft der Gruppe für die Kinder nochmals intensiv erfahrbar: Niemand ist allein auf dem Kommunionweg, im Leben, in den Beziehungen untereinander und in der Beziehung mit Gott. Das Kindertreffen klingt so in entspannter und meditativer Atmosphäre aus.

Kinder lernen an Vorbildern. Sie sind für sie Vorbild. Daher ist es in den ersten Kindertreffen ganz entscheidend, wenn Sie mit Ruhe und Ehrfurcht die Kerze in die Mitte stellen und entzünden. Dann werden auch die Kinder dies später abwechselnd gerne tun und der Gruppenkerze gegenüber Wertschätzung einüben. Nach dem Abschluss räumen die Kinder gemeinsam mit Ihnen den Gruppenraum wieder auf. Damit lernen sie, selbst Verantwortung zu übernehmen, und auch andere Gruppen können sich in diesem Raum wieder wohlfühlen.

Für zu Hause

Von jedem Kindertreffen bringt das Kommunionkind etwas mit nach Hause. Das können sehr unterschiedliche Dinge sein: etwas Gebasteltes, ein Text- oder Liedblatt oder ein Symbol. Zu Hause können die Kinder alle diese „Mitbringsel" aus dem Gruppentreffen an einem geeigneten Platz in ihrem Zimmer oder in der Wohnung sammeln und eine „Kommunion-Ecke" gestalten. So rückt der Kommunionweg durch sichtbare, sinnenhafte Dinge ins Bewusstsein sowohl des Kindes als auch der ganzen Familie.

Alternativen

Gelegentlich bieten wir Ihnen alternative Gestaltungsmöglichkeiten für einzelne Elemente der Kindertreffen an. Sie sollten sich bei der Vorbereitung für die Alternative entscheiden, die Ihnen im Blick auf Ihre Gruppe hilfreicher erscheint. Generell handelt es sich bei allen Vorbereitungsideen um erprobte Vorschläge, die Sie in Abstimmung mit Ihrem katechetischen Leitungsteam jederzeit variieren können.

Mit diesem Buch arbeiten

Innerhalb der einzelnen Elemente des Kindertreffens finden Sie folgende Signets, die Ihnen einen Hinweis auf die Art der einzelnen Bestandteile geben:

 **Kernaussage**

Die inhaltliche Kernaussage

 **Kreativ**

Kreative Elemente

 **Bibeltext**

Texte aus der Bibel

 **Lied**

Liedtexte mit Noten

 **Meditation**

Meditationsanleitungen

 **Gemeinschaft**

Stark gemeinschaftsbezogene Elemente

 **Text**

Geschichten und Erschließungstexte

 **Gebet**

Anleitung für gemeinsames Beten

 **Gespräch**

Anregungen zum gemeinsamen Gespräch

 **Für zu Hause**

Mitbringsel aus der Kindergruppen-stunde für die „Kommunion-Ecke" zu Hause

 **Spiel**

Anleitungen für gemeinsame Spiele

 **Kopiervorlagen**

Material

Einige Kindertreffen verweisen auf Lieder, Texte, biblische Erzählungen, die bereits im Familienbuch abgedruckt sind. Die Kinder bringen ihr Familienbuch zu jedem Kindertreffen mit, sodass die entsprechenden Materialien greifbar sind. Das für das jeweilige Kindertreffen benötigte Material ist immer in der Übersicht zu Beginn der einzelnen Anregungen zusammengestellt. In dieser Übersicht sind die Materialangaben jeweils pro Kind angeführt, rechnen Sie sich jeweils noch dazu, damit auch Sie mitsingen und mitbasteln können. Die Anschaffung des Materials läuft in jeder Kirchengemeinde anders. Wie sich dies in Ihrem spezifischen Fall verhält, werden Sie in den Treffen mit den anderen Begleiterinnen und Begleitern und dem katechetischen Leitungsteam besprechen. Es macht sicherlich Sinn, wenn Sie gemeinsam mit den anderen Begleitern eine Kiste mit dem Material zusammenstellen, das in fast jedem Kindertreffen gebraucht wird. Dies sind vor allem: Farbstifte oder Faserschreiber, weißes DIN-A4-Papier, Legematerial, Scheren, Klebeband und Streichhölzer. So haben Sie eine Grundausrüstung immer greifbar. In manchen Modellen für Kindertreffen werden Sie auf den Einsatz von Legematerial stoßen. Das Legematerial kann bestehen aus Steinen, Muscheln, einfarbigen Tüchern, geometrischen Formen aus buntem Filz, Murmeln, Holzringen, Ästchen usw. Der Sinn des Legematerials ist, dass durch das Legen und meditative Gestalten mit Material ein bestimmter Inhalt vertieft und verinnerlicht wird. Für einige Treffen sind Kopiervorlagen (Kop.) zu vervielfältigen. Gemeinsam mit den Kindern können Sie darauf achten, dass die Kopien entweder von jedem Kind mit nach Hause genommen oder aber an eine andere Gruppe weitergegeben werden. Auch der wertschätzende Umgang mit Materialien, wie Papier, ist ein Teil religiösen Lernens.

Texte und Lieder, auf die in der Vorbereitung eines Kindertreffens verwiesen wird und die zum Austeilen gedacht sind, finden Sie jeweils am Ende eines Kindertreffens, damit Ihnen das Kopieren erleichtert wird. Erweitern Sie das jeweils benötigte Material immer wieder mit Ihren eigenen Talenten und Fähigkeiten, wie z.B. durch den Einsatz von Instrumenten zum Begleiten der Lieder. Sie finden bei allen Liedern Noten und die Gitarrenbegleitungen. Unterstützend können Sie die dem Familienbuch beiliegende CD mit den Liedern aus **Mit Paula auf Entdeckungstour** einsetzen. Zu den Liedern „Nach deinem Ebenbild" und „Herr, in deinen guten Händen" finden Sie eine Playbackversion auf der Homepage zum Kurs unter www.koesel.de/gemeinde.

Binden Sie auch die Ihnen in Ihrer Gemeinde zur Verfügung stehenden Möglichkeiten entsprechend mit ein! Für manche Gruppen sind vielleicht große Räume mit viel Bewegungsfreiheit zugänglich, andere Gruppen können vielleicht in einem großen Garten spielen. Die einzelnen Entwürfe für die Kindertreffen sind Anregungen, mit denen Sie unkompliziert das nächste Treffen Ihrer Kindergruppe planen können. Um den einzelnen Gruppensituationen gerecht zu werden, ist nicht streng festgelegt, welches Element im Kreis stehend, auf dem Boden sitzend, im Stuhlkreis oder an einem Tisch durchgeführt werden soll. Manche von Ihnen werden sich mit den Kindern in Räumen der Gemeinde treffen, andere bei sich zu Hause oder bei einem der Kinder. Jeder Raum bietet Ihnen andere Möglichkeiten, Sie können diese Möglichkeiten nutzen und selbst entscheiden, welches Element Sie wo und wie durchführen. Auch diese Überlegungen sind ein Teil Ihrer Vorbereitung wie das Zusammenstellen von Material oder Vervielfältigen von Kopiervorlagen.

Bunte Ergebnisse der Gruppentreffen

In vielen Kindertreffen werden im Verlauf der gemeinsamen Arbeit bunte Produkte entstehen: Plakate, Bilder, Bastelarbeiten usw. Es ist natürlich nicht Sinn der Sache, dass diese nach Beendigung oder sogar noch während des Gruppentreffens einfach wieder verschwinden. Je nach räumlicher Gegebenheit gibt es in Ihrem Gruppenraum oder in der Kirche vielleicht die Möglichkeit, diese Dinge aufzuhängen und aufzustellen. So haben Sie am Ende des Kommunionweges einen bunten Rückblick auf Ihre gemeinsamen Treffen, und die Kinder lernen einen sinnvollen Umgang mit Material und den eigenen Arbeitsergebnissen.

Tipps

Die *kursiv geschriebenen Hinweise* innerhalb der einzelnen Elemente sind Hinweise und Hilfestellungen, die besonders den Begleiterinnen und Begleitern mit weniger Praxiserfahrung einfache Tipps zur Durchführung der einzelnen Elemente geben.

Die Feier der Versöhnung

In vielen Gemeinden ist die erste Beichte, die Feier der Versöhnung, Bestandteil des Kommunionweges. Deshalb wird im Familienbuch, in Baustein 8 auf den Seiten 64–67 sowie auf Seite 132–159, diese Feier erschlossen. Im Kindertreffen 4 und 8 finden Sie hilfreiche Impulse für die Vorbereitung auf die Feier der Versöhnung im Beichtgespräch.

Die feierliche Erstkommunion

In vielen Gemeinden hat es sich bewährt, den Erstkommuniongottesdienst gemeinsam mit Kindern (und Eltern) vorzubereiten. Dazu einige praktische Hinweise, um mit den Kindern das Evangelium des Festgottesdienstes zu erschließen. Es ist hilfreich, dass z.B. bei der Predigt oder bei den Fürbitten die Kinder den Gottesdienst aktiv mitgestalten und ihre eigenen Überlegungen zum Wort Gottes zur Sprache bringen können.

* Evangelium des Festgottesdienstes
Lesen Sie den Kindern jene Bibelstelle aus dem Neuen Testament vor, die bei ihrer Erstkommunionfeier als Evangelium gelesen wird. Welcher Text das sein wird, erfahren Sie von den Eltern und deren Begleiterinnen oder Begleitern.
* Bibelgespräch
Um den Inhalt der vorgelesenen Bibelstelle zu vertiefen, gibt es verschiedene Möglichkeiten. Die nachfolgenden Vorschläge sind nur einige davon, aber sie ermöglichen meist ein intensives Arbeiten mit den Texten der Evangelien:
1. Wenn der Inhalt des Bibeltextes bildhaft ist, bietet sich kreatives Gestalten an. Die bildhaften Vorstellungen können dann mit verschiedenen Materialien und Techniken dargestellt werden:
a. Das Zeichnen und Malen mit Holzstiften, Filzstiften, Wachskreiden und Wasserfarben ist die gängigste Möglichkeit. Die einzelnen Materialien und Techniken können auch kombiniert werden.
b. Erstellen Sie gemeinsam mit den Kindern eine Collage. Das Gesamtbild entsteht durch das Aufkleben von kleinen Einzelbildern. Diese können aus Zeitungen und Zeitschriften ausgeschnitten werden.
c. Eine Collage kann durch die verschiedenen Arten des Zeichnens und Malens zusätzlich ausgestaltet und farblich aufgefrischt werden. Durch die Kombination dieser beiden Techniken können

sehr wirkungsvolle Plakate und Gesamtbilder gestaltet werden.

2. Eine weitere Möglichkeit ist das gemeinsame Bibel-Gespräch. Hierzu ist es wichtig, dass Sie sich die thematischen Eckpunkte des Textes klarmachen und eventuelle Fragestellungen und thematische Anstöße für das Gespräch an diesen Punkten orientieren. Sie sollten sich diese Fragen auf jeden Fall vor dem Kindertreffen überlegen und auch den inhaltlichen Kern des Textes in eigenen Worten festhalten, um ihn dann im Gespräch für die Kinder erleb- und verstehbar zu machen.

3. Nicht nur das Zuhören ist wichtig, auch das Sprechen mit Gott in eigenen Worten ist bedeutsam. Die Kinder haben im Bibeltext auf das Wort Gottes gehört. Nun sollen sie versuchen, in eigenen Worten zu Gott zu sprechen, indem sie eigene Fürbitten formulieren.

Da die meisten Kinder Ihrer Gruppe mit der Form des freien Gebets wahrscheinlich kaum Erfahrung haben, ist es hilfreich, dass Sie Vorbild sind. Sprechen Sie – ruhig auch öfter und abwechselnd mit den Kindern – Fürbitten, die verschiedene Lebensbereiche betreffen. Das regt auch die Kinder an, sich über ihr Leben Gedanken zu machen und diese zu äußern. Formulieren Sie Ihre Fürbitten in sehr einfachen, schlichten Worten. Dadurch werden die Kinder ermutigt, auch in ihrer kindlichen Sprache frei Bitten zu formulieren. Zusammen mit den Kindern können Sie die formulierten Bitten aufschreiben und in die Vorbereitung der Kommunionfeier einbringen.

Gruppenrituale

Zeit	Element	Material
5'	Stilleübung und Gebet	• eine Schale • eine Kugel • pro Kind eine Kopie des Gebets (Kop. 1, Seite 29)
5'	Stilleübung und Lied „Herr, in deinen guten Händen"	• eine mit Wasser gefüllte Glasschale • eine Muschel oder Murmel • pro Kind eine Kopie des Liedes: „Herr in deinen guten Händen" (Kop. 2, Seite 30)
8'	Willkommensritual	• die Gruppenkerze • pro Kind ein Teelicht (im Glas) • Streichhölzer
5'	Tanz	• pro Kind ein Seiden- oder Chiffontuch • CD-Player und CD mit ruhiger Musik

8′	Legemeditation	• ein Tuch • die Gruppenkerze • Streichhölzer • Legematerial • CD-Player und CD mit ruhiger Musik

Stilleübung und Gebet

Die Kinder und Sie bilden stehend einen Kreis. Eine Schale mit einer Kugel darin wird in die Mitte des Kreises gestellt. Ein Kind dreht nun die Kugel in der Schale, sodass sich diese innerhalb der Schale in einem Kreis bewegt. Die Kinder beobachten ohne zu sprechen die Kugel und konzentrieren sich auf deren Bewegung. Jedes Kind soll sich dann auf den Boden setzen, wenn seiner Meinung nach die Kugel vollkommen zur Ruhe gekommen ist. Dann reichen sich alle die Hände. Gemeinsam sprechen Sie das Gebet (Kop. 1, Seite 29), das Sie kopiert und den Kindern ausgeteilt haben. Im Laufe des Kommunionweges können die Kinder dieses Gebet sicherlich bald auswendig.

Stilleübung und das Lied „Herr in deinen guten Händen …"

Die Kinder und Sie bilden stehend einen Kreis. Eine mit Wasser gefüllte Glasschale wird in die Kreismitte gestellt. Ein Kind versenkt nun eine Muschel oder eine schöne Murmel in der Schale. Dadurch gerät das Wasser in Bewegung. Die Kinder achten ohne zu sprechen auf die Bewegung des Wassers. Wenn die kleinen Wellen sich beruhigt haben, setzen sich die Kinder auf den Boden. Anschließend singen Sie gemeinsam das Lied „Herr, in deinen guten Händen" (Kop. 2, Seite 30), das Sie kopiert und ausgeteilt haben; die Kinder können dieses Lied wahrscheinlich bald auswendig.

Willkommensritual

Die Kinder und Sie bilden stehend oder sitzend einen Kreis. Ein Kind darf die Gruppenkerze entzünden. Nacheinander kommen die Kinder zur Gruppenkerze, entzünden ein Teelicht an der Gruppenkerze und stellen es an einem vereinbarten Ort ab. Dann erst folgt das nächste Kind.
Zu Beginn der Vorbereitungszeit kann das Kind seinen Namen laut sagen und die Gruppe begrüßt es mit den Worten: „Herzlich willkommen … (Name), schön, dass du da bist." Im weiteren Verlauf können Sie die Kinder auch bitten, mit dem Entzünden des Teelichtes ein kurzes Stimmungsbild („Mir geht es heute …"), ein Dankgebet oder eine Fürbitte aus ihrem Alltag zu formulieren.

Tanz

Für den folgenden Tanz eignet sich am besten eine langsam beginnende und sich allmählich lebendiger gestaltende Musik, z.B. Pachelbels „Kanon in D-Dur" oder die „Morgenstimmung" aus Griegs „Peer-Gynt-Suite Nr. 1, op. 46".

Die Strahlen der Sonne
Wenn die Musik beginnt, stehen die Kinder in einer Kreisform hintereinander und strecken ihre Arme auf beiden Seiten aus. Im Mittelpunkt des Kreises halten sich die Kinder gemeinsam an der linken Hand fest, in der rechten Hand halten sie nach außen ihr Seidentuch. Von oben sieht dieses

Gebilde aus wie eine Sonne mit Strahlen. Der Spielleiter geht nun langsam um diese Formation herum, berührt ganz behutsam mit seinem Tuch jeweils ein Kind. Dieses löst sich dann von der Sonne und bewegt sich mit seinem Tuch frei durch den Raum. Dies geschieht so lange, bis alle Kinder sich bewegen. Nach einer Weile sollen die Kinder zu langsameren Bewegungen übergehen, bis sie schließlich mit geschlossenen Augen am Boden liegen und die Musik ruhig zu Ende hören. Der Spielleiter schickt bei diesem Tanz sozusagen die Strahlen der Sonne in die Welt, diese machen alles hell und fallen allmählich auf die Erde. Die Rolle der Spielleiterin oder des Spielleiters übernehmen am Anfang am besten Sie, in den folgenden Gruppentreffen kann diese Rolle auch von einem Kind übernommen werden.

Beim Einsatz eines solch attraktiven Materials wie der Tücher sollten Sie den Kindern am Beginn Möglichkeiten zum Experimentieren geben, damit sie Bewegungsformen mit dem Tuch finden und sich anschließend besser auf die eigentliche Übung einlassen können. Beim ersten Gruppentreffen könnten Sie die Kinder spielerisch, mit oder ohne Musik, verschiedene Bewegungsformen mit den Tüchern ausprobieren lassen. Windspiele eignen sich hier besonders gut: Jedes Kind bekommt ein Tuch und bewegt sich erst einmal nach eigener Fantasie, das Wehen des Windes darstellend, durch den Raum, anschließend geben Sie verschiedene Wind-Formen vor, die die Kinder in ihren Bewegungen ausdrücken sollen: Gewitterwind, Sturm, kräftiger Wind, der mit der Zeit etwas nachlässt, ein leichter Wind und eine kaum zu spürende Brise. Wichtig ist, gegen Ende hin ruhigere Elemente zu wählen, damit die Kinder wieder zur Ruhe kommen können. Der eigentliche Tanz kann auch erst beim zweiten Kindertreffen eingeführt werden. Sie sollten mit den Kindern absprechen, dass sich die Strahlen der Sonne während des Tanzes nicht oder nur sehr sanft gegenseitig berühren. Ebenso sollten Sie klären, was beim Tanzen erwünscht ist und was nicht, etwa lautes Sprechen usw. Bei der Wahl der Bewegungen können Sie den Kindern relativ freie Hand lassen. Sie können selbst durch Ihre Bewegungen den Kindern Ideen geben und für den Charakter des Tanzes Vorbild sein. In einer Kommuniongruppe, die vorwiegend aus Jungen besteht, sollten Sie kritisch überprüfen, ob der Charakter des Tanzes deren Interessen trifft.

Legemeditation

Die Kinder und Sie bilden stehend einen Kreis. Jedes Kind sucht nun mit den Augen die Kreismitte. Eines der Kinder legt ein Tuch in die von ihm empfundene Mitte und stellt die Gruppenkerze darauf, die es dann entzündet. Die übrigen Kinder beobachten das Geschehen. Anschließend gestaltet jedes Kind mit Legematerial einen Weg von seinem Platz zur Mitte. Bei jedem Treffen kann ein anderes Kind die Gruppenkerze entzünden. Zarte Musik kann die Konzentration auf das Tun unterstützen und den Kindern helfen, ruhig zu werden. Sie können für diese Übung einen Platz in Ihrem Gruppenraum auswählen, an dem das Legebild bis zum Ende des Kindertreffens liegen bleiben kann. So haben Sie die Möglichkeit, es im Verlauf des Treffens noch einmal in das Gruppengeschehen einzubinden.

1 Gebet

Guter Gott,

wir haben uns in unserer Kommuniongruppe

versammelt.

Miteinander können wir Freundschaft und Freude

erleben.

Gemeinsam fällt es uns aber auch leichter,

Schwierigkeiten zu überwinden.

Hilf uns,

dass wir zusammenhalten und zueinander stehen.

Es soll uns nicht egal sein, wie es den anderen geht.

Wir danken dir für unsere Gemeinschaft

und dafür, dass du uns nie alleinlässt.

Du begleitest uns immer.

Amen.

2 Lied

Herr, in deinen guten Händen

Text und Musik: Barbara Berger

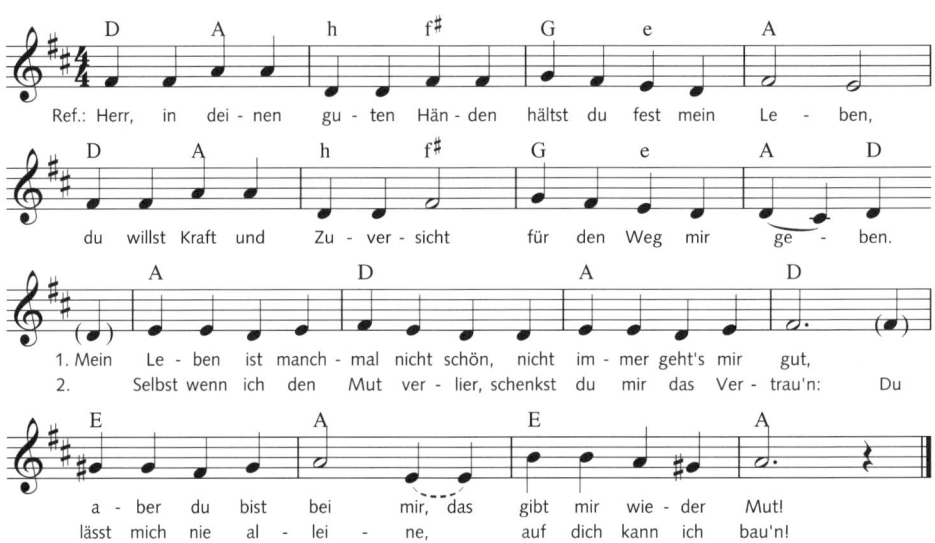

Ref.: Herr, in dei - nen gu - ten Hän - den hältst du fest mein Le - ben,

du willst Kraft und Zu - ver - sicht für den Weg mir ge - ben.

1. Mein Le - ben ist manch - mal nicht schön, nicht im - mer geht's mir gut,
2. Selbst wenn ich den Mut ver - lier, schenkst du mir das Ver - trau'n: Du

a - ber du bist bei mir, das gibt mir wie - der Mut!
lässt mich nie al - lei - ne, auf dich kann ich bau'n!

I Was uns wichtig ist

Familienkatechese wählt den Alltag als Ansatzpunkt, um auf die Begegnung mit Jesus Christus in der Eucharistie vorzubereiten. Die Beziehung zu Jesus Christus ist nicht nur eine Beziehung für den Sonntag, sondern sie will uns im Alltag Sinn und Hoffnung geben. Es ist eine wichtige Entscheidung dieses Kommunionweges zu berücksichtigen, dass sich Glaube in den alltäglichen Erfahrungen und Vollzügen in der Familie und im Freundeskreis vollzieht – **Miteinander leben**. Anders formuliert: Im Alltag der Familien und Freundeskreise öffnen sich Tore zu einem ersten Verstehen und Realisieren der Beziehung zu Gott. Für den Weg, den Sie mit den Kindern Ihrer Kommuniongruppe gehen, sind die religiösen Einstellungen und Möglichkeiten in deren Familien von großer Bedeutung: „Religionspsychologisch können Sie davon ausgehen, dass Religiosität heute (fast) nicht ohne Familie entstehen kann" (Bernhard Grom). Es macht daher auf jeden Fall Sinn, wenn Sie den Kontakt mit den Eltern der Kinder aufbauen. Ebenso ist es hilfreich, sich über den Freundeskreis der Kinder zu orientieren; zu verstehen, mit wem sie in Kontakt sind, in welche Schule, Interessensgruppen, Vereine usw. sie eingebunden sind. Vor allem im Blick auf konfliktbeladene Familiensituationen ist es wichtig, hohe Sensibilität und Einfühlungsvermögen für die Kinder zu entwickeln: Signale von Kindern hinsichtlich Familienkonflikten ernst zu nehmen, diskret damit umzugehen und sie dennoch nicht aus dem Auge zu verlieren. Für Kinder im Alter von acht oder neun Jahren sind ihre Freundinnen und Freunde ein wesentlicher Teil ihrer Welt. Gemeinsam mit Kindern darüber nachzudenken, was es bedeutet, zueinander gut zu sein, Interesse aneinander zu haben, sich gegenseitig zu helfen, miteinander zu spielen und etwas zu unternehmen, hat mit christlichem Leben und Glauben intensiv zu tun. Dort, wo Freundschaft und Einfühlsamkeit füreinander entstehen, realisiert sich etwas von der Liebe Gottes in der Welt, vollzieht sich Nächstenliebe. Deswegen ist alles, was Zuneigung und Solidarität untereinander fördert, im Sinne des Kommunionweges sensibel zu unterstützen. Die Gottesbeziehung findet nicht außerhalb der alltäglichen Kommunikation in der Familie und im Freundeskreis, sondern gerade mitten in diesen täglichen Grundvollzügen des Lebens statt. Wenn es um die Frage nach der Beziehung der Kinder zu Jesus geht, dann ist zu bedenken, dass diese Begegnung im konkreten Rhythmus der Woche und in der Qualität, wie sich ihr Leben sonst abspielt, stattfindet. Die Verstehensmöglichkeiten, die Kinder für die Realität der Gottesbeziehung haben, hängen mit der Gestaltung des Alltags intensiv zusammen. Mit den Kindern können Sie überlegen: Wann habt ihr Gelegenheit, euch mit Jesus zu beschäftigen? Wann habt ihr Gelegenheit, zu ihm zu beten? Wann sprecht ihr mit anderen über ihn? Wann sprecht ihr mit ihm? Gibt es eine Möglichkeit, vor dem Essen gemeinsam zu beten? Gibt es überhaupt die Möglichkeit, am Tag gemeinsam in der Familie zu essen? Setzen sich Vater oder Mutter abends an euer Bett und sprechen mit euch den Tag durch? Hilfreich ist es, dass Sie selbst Ihre eigene Woche und Ihr eigenes Leben anschauen, wie Sie selbst **Tag für Tag** leben und welche ausdrücklichen Erinnerungen und Gesten Sie für die Gottesbeziehung in Ihrem Alltag finden. Kinder hören und spüren ganz genau, ob das, was Sie ihnen sagen, aus Ihrer eigenen Erfahrung stammt und es glaubwürdig ist, was Sie aus Ihrem Alltag erzählen. Oft wollen auch Kinder dies ausdrücklich wissen und geben sich mit pauschalen Antworten – Gott sei Dank! – nicht so schnell zufrieden. Allerdings können sie oft gut akzeptieren, dass auch Sie selbst noch auf der Suche nach manchen Antworten sind. Das Thema **Den anderen sehen** ist für uns alle wichtig. Je nach Zusammensetzung Ihrer Gruppe müssen Sie davon ausgehen, dass auch Kinder aus sozial benachteiligten Familien mit dabei sind oder aus kinderreichen Familien, Kinder von arbeitslosen Eltern oder von Alleinerziehenden. Dies sensibel wahrzunehmen und in den Gesprächen oder Spielen darauf zu achten, dass solche Kinder nicht erneut ausgegrenzt werden, ist eine wichtige Aufgabe für Sie als Begleiterin oder Begleiter. Das Thema „Un-/Gerechtigkeit" in diesem Alter zu behandeln ist daher zentral. Es spielt nicht nur im unmittelbaren Lebensumfeld der Kinder eine Rolle, sondern gehört immer mehr zu den verschiedenen gesellschaftlichen Realitäten, in denen Familien leben.

Wir streiten und versöhnen uns greift eine Realität unseres alltäglichen Lebens auf, die auch Kindern bewusst ist. Die Frage, wie wir miteinander umgehen, ist für das tägliche Leben ebenso von Bedeutung wie für die Gemeinschaft der Kindergruppe.

1. Miteinander leben

Vgl. Familienbuch Seite 32–35

Wir leben mit vielen Menschen zusammen - mit unseren Eltern, mit unseren Geschwistern, mit Freundinnen und Freunden, mit Verwandten und Bekannten. Ohne Gemeinschaft mit anderen Menschen ist Leben nicht möglich. Gemeinschaft mit anderen Menschen lässt uns spüren, dass wir nicht alleine sind und dass wir geliebt werden.

Zeit	Element	Material
20′	Einstieg	• ein DIN-A3-Tonkarton, der laut Anleitung vorbereitet ist • Klebeband • Farbstifte oder Faserschreiber
5′	Gruppenritual	vgl. Tabelle auf Seite 26f.
10′	Alternative zum Einstieg	
20′	Hauptteil	• ein aus buntem Tonpapier ausgeschnittenes Blütenblatt pro Kind und für Sie selbst • ein Kreis aus buntem Tonpapier mit ca. 30 cm Durchmesser • Farbstifte oder Faserschreiber • Klebstoff • buntes Tonpapier zum Verzieren der Gruppenblume • Klebeband • pro Kind eine Kopie des Gedichtes „Wir" (Kop. 1, Seite 40)
15′		• eine Kerze, ca. 40 cm hoch und mit 10 cm Durchmesser • buntes Blattwachs, Schere oder Messer

5'	Abschluss	• die (gestaltete) Gruppenkerze • Streichhölzer • pro Kind eine Kopie des Liedes „Herr, in deinen guten Händen" (Kop. 2, Seite 30)
	Für zu Hause	• pro Kind eine kleine Kerze • Reststreifen Blattwachs oder • pro Kind eine Kopie „Kleine Gruppenblume" (Kap. 2, Seite 41)

Merkposten/Notizen/Auswertung

Einstieg

Spiel

Um Gemeinschaft für die Kinder erlebbar zu machen, spielen Sie mit den Kindern ein Spiel, bei dem jedes einzelne Kind wichtig ist:

Gemeinschafts-Puzzle

Vorbereitung: Auf einen DIN-A3-Tonkarton schreiben Sie in großen bunten Buchstaben: Herzlich willkommen in eurer Kommuniongruppe!

Anschließend zerschneiden Sie dieses Plakat in so viele Puzzleteile, wie Kinder in Ihrer Gruppe sind. Auf die Rückseite jedes Puzzleteils schreiben Sie eine Aufgabe, die die Kinder gemeinsam erfüllen müssen, um dieses Teil „freizukaufen", also von Ihnen zu bekommen.

Die einzelnen Puzzleteile werden von den Kindern am Ende gemeinsam zu einem Ganzen zusammengefügt, sodass der Willkommensgruß in der Mitte liegt. Die einzelnen Teile werden mit Klebeband zusammengeklebt und dann wird das Plakat an einer Wand aufgehängt.

Vorschläge für eventuelle Anweisungen auf den Puzzleteilen:

1. Wie heißen die Kinder dieser neuen Gruppe? Schreibt alle mit eurer Lieblingsfarbe euren Vornamen auf dieses Puzzleteilchen.

2. Versucht gemeinsam, das folgende Rätsel zu lösen:
   Es geht nun um ein sehr wichtiges Wort
   für uns Menschen hier und an jedem Ort.
   Keiner lebt für sich allein
   und niemand sollte einsam sein.
   Das Gegenteil von einsam
   das heißt dann wohl _ _ _ _ _ _ _ _ (gemeinsam).

3. Spielt gemeinsam das Spiel „Wer kann helfen?": Ihr setzt euch dazu in einen Kreis und das erste Kind beginnt: „Ich heiße ... und meine Lieblingsbeschäftigung ist ..." Das zweite Kind wiederholt nun, was das erste Kind gesagt hat, und nennt dann seinen Namen und seine Lieblingstätigkeit. Natürlich wird das Wiederholen immer länger und schwieriger, je mehr Kinder schon dran waren. Gemeinsam schafft ihr das schon, wenn ihr euch gegenseitig helft!

4. Wie alt seid ihr denn zusammen? Zählt das Alter von euch allen zusammen und rechnet auch noch das Alter eurer Begleiterin oder eures Begleiters dazu. Schreibt die Zahl groß auf dieses Puzzleteil.

5. Könnt ihr die Reime finden? (Bei dieser Aufgabe lesen Sie den folgenden Text vor. Die Kinder sollen dann die fehlenden Wörter dazu reimen.)
   Wir treffen uns heute hier
   ich und du, das sind (wir)!
   Wir wollen miteinander Zeit verbringen,
   wollen spielen und neue Lieder (singen).
   Wollen gemeinsam unseren christlichen Glauben überdenken
   und der Meinung des anderen Aufmerksamkeit (schenken).
   Wir werden bald zur Erstkommunion geh'n
   und können dem Fest mit Freude entgegen(seh'n),
   denn Jesus lädt uns an seinen Tisch ein,
   wir sind geladen, seine Freunde zu (sein).

6. Versucht euch gegenseitig die folgenden Fragen zu beantworten: Ist in eurer Gruppe jemand, der gerne Spinat isst? Gibt es in eurer Gruppe jemanden, der keine Spaghetti mag? Wer aus eurer Gruppe hat keine Geschwister? Wer aus eurer Gruppe hat einen Bruder oder eine Schwester? Wer aus eurer Gruppe hat zwei Geschwister? Gibt es in eurer Gruppe ein Kind, das mehr als zwei Geschwister hat?

7. Habt ihr euch eigentlich schon alle richtig begrüßt? Mit dem folgenden Begrüßungsspiel werdet ihr das bestimmt gut nachholen können:
   Begrüßt euch auf Deutsch: Guten Tag! Und schüttelt euch die Hände.
   Begrüßt euch auf Italienisch: Ciao! Und winkt euch gegenseitig zu.
   Begrüßt euch auf Spanisch: Hola! Und umarmt euch.

Begrüßt euch auf Englisch: Hi! Und klopft euch auf die Schulter.

Begrüßt euch auf Türkisch: iyi günler! Und nickt euch gegenseitig zu.

Begrüßt euch auf Arabisch: Salam! (Friede sei mit dir!) Und verneigt euch voreinander.

Begrüßt euch auf Hebräisch: Shalom! (Gottes Friede sei mit dir!) Und reicht euch im Kreis die Hände.

Wenn ein Kind in eurer Gruppe ist, das eine Sprache aus einem anderen Land sprechen kann, dann fragt es doch einmal, wie man sich in dieser Sprache begrüßt!

Alternative zum Einstieg

Spiel

Computerstatistik

Die Aufgabe besteht darin, sich in einer Linie aufzustellen. Sie rufen den Kindern zu, nach welchem Kriterium sie sich in aufsteigender Reihenfolge aufstellen sollen, z.B. nach der Anzahl der Geschwister, dem Alter, der Hausnummer zu Hause, alphabetisch nach dem ersten Buchstaben des Vornamens usw.

Um Kinder, die es aufgrund äußerer Merkmale wie Größe und Gewicht in der Gruppe vielleicht sowieso schon schwer haben, nicht unnötig zu belasten, ist es sinnvoll, auf Merkmale wie Körpergröße, Gewicht, Schuhgröße usw. zu verzichten.

Gruppenritual

Meditation

Das Gruppenritual ermöglicht Besinnung und Konzentration auf das Kommende.

Hauptteil

Gespräch

Beim Spiel zu Beginn des Treffens war jedes Kind wichtig. Wenn ein Kind nicht mitgespielt hätte, hätte uns jemand gefehlt. Es wäre eine Lücke entstanden, unser Spiel hätte nicht so gut funktioniert. Auch in unserem Leben gibt es Menschen, die für uns wichtig sind, die wir brauchen. Und es gibt Menschen, für die wir wichtig sind.

* Welche Menschen sind für jeden Einzelnen von uns wichtig?
* Weshalb sind diese Menschen für uns wichtig?

* Für welche Menschen sind wir besonders wichtig?
* Für welche Gemeinschaften sind wir besonders wichtig?

Kreativ

Wie die Blätter einer Blume

Gemeinschaft können Sie mit einer Blume vergleichen: Wenn der Blume ein Blütenblatt fehlt, entsteht eine Lücke. Wenn in einer Gemeinschaft jemand fehlt, ist es genauso: Es entsteht eine Lücke, die Gemeinschaft ist nicht vollständig.

Sie haben zur Gestaltung einer Gruppenblume für jedes Kind ein Blütenblatt aus buntem Tonpapier vorbereitet, dazu einen Kreis mit ca. 30 cm Durchmesser als Blüten-
mitte.
Sie teilen jedem Kind ein Blütenblatt aus und jedes Kind schreibt darauf groß seinen
Namen und die Namen der Menschen, die für sein Leben besonders wichtig sind.
Danach liest jedes Kind, das möchte, vor, welche Personen es aufgeschrieben hat,
und erklärt bei jeder Person, warum sie so wichtig für es ist.
Sie schreiben diese Erklärungen als Stichworte in die Blütenmitte, z.B. Liebe, Gebor-
genheit, Spielen, Gemeinschaft usw.
Wenn alle Kinder vorgelesen haben, klebt jedes Kind sein Blatt so an der Blütenmitte
an, dass daraus eine große Blume entsteht.
Die Blume kann noch gemeinsam mit einem Stiel und Blättern weiter verziert werden.
*Wichtig: Vor dem Treffen ausprobieren, ob alle Blütenblätter um den Kreis herum-
passen!*
*Sie können auch eine andere Vorgehensweise wählen: Ein Kind liest seine Gedanken
vor und klebt dann sofort sein Blütenblatt an den Kreis, dann folgt das nächste Kind.*

Gemeinsam suchen Sie mit den Kindern einen schönen Platz im Raum, wo die Gruppenblume an der Wand befestigt wird. Für die Zeit Ihres gemeinsamen Kommunionweges kann die Gruppenblume Ihren Gruppenraum schmücken und immer wieder an
den Anfang der Gemeinschaft der Kindergruppe erinnern.

Text

Wir

Jedes Blütenblatt unserer Blume ist wertvoll, unverwechselbar und wichtig. Fehlt ein Blatt, so gibt es eine Lücke. Genauso ist es in der Gruppe: Jedes Kind ist wichtig. Würde jemand fehlen, so entstünde eine Lücke.

Sie haben das Gedicht „Wir" (Kop. 1, Seite 40) für alle Kinder kopiert und teilen es an die Kinder aus. Gemeinsam lesen Sie den Text.

Bei diesem Element sitzen die Kinder im Kreis, weil diese Form nochmals auf andere Weise die Gemeinschaft ausdrückt.

Wenn Sie den Text auf einen farbigen Papierkarton kopieren, können Sie eher vermeiden, dass er beim Altpapier landet. Die Kinder können den Text zu Hause verzieren und aufhängen.

Einige Tipps zum Vorlesen:

Das Lesetempo sollte nicht zu schnell, aber auch nicht zu langsam oder schleppend sein. Durch die Sprechmelodie können Sie Einzelheiten des jeweiligen Textabschnittes herausarbeiten; je nachdem, ob der Textinhalt fröhlich, geheimnisvoll usw. ist, kann der Text durch Heben oder Senken der Stimme lebendig und erlebbar werden.

Während des Vorlesens Blickkontakt zu den Kindern zu halten, ermöglicht Ihnen einen intensiven Kontakt zu Ihren Zuhörern, das erhöht die Aufmerksamkeit.

Spontan geäußerte Assoziationen der Kinder zum Text können Sie nach Möglichkeit sofort berücksichtigen. Hier genügt oft ein kurzer Satz, um auf die Äußerung der Kinder zu reagieren. Den Kindern wird dadurch signalisiert, dass sie ernst genommen werden und dass ihr aufmerksames Zuhören und die damit verbundenen Gedanken für Sie bedeutsam sind.

Gespräch

* Habt ihr gute Freunde, erzählt mal!
* Wie ist ein guter Freund, was tut er – und was tut er nicht?
* Warum sind gute Freunde wichtig für uns?
* Wie soll ein guter Freund sein?
* Wie kann ich ein guter Freund sein?

Kreativ

Unsere Gruppenkerze

Stellen Sie eine weiße, große Kerze in die Mitte und legen Sie Blattwachs in verschiedenen Farben dazu. Erklären Sie den Kindern, dass diese Kerze die Gruppe von heute an bis zur Feier der Erstkommunion als Gruppenkerze begleiten wird. Jedes Kind schreibt bzw. modelliert seinen Namen aus Blattwachs auf die Kerze.

Dazu wird ein langer, feiner „Faden" aus Wachs gerollt, daraus werden dann die Buchstaben zurechtgeformt. Dann werden sie auf die Kerze gedrückt. Die Kerze sollte etwa 40 cm hoch sein und einen Durchmesser von mindestens 10 cm haben, so ähnlich wie eine Altarkerze.

Nachdem die Kerze mit den Namen der Gruppenmitglieder verziert ist, stellt ein Kind die Gruppenkerze in die Mitte des Kreises, den die Kinder bilden, und zündet sie an. Die Kinder können abwechselnd die Verantwortung für die Gruppenkerze übernehmen: Wer nimmt sie mit nach Hause und bringt sie zum nächsten Treffen wieder mit?

Um die Verbindung von Kommunionweg und Gemeindegottesdienst zu verdeutlichen, ist es sinnvoll, wenn jeweils ein Kind aus der Gruppe die Kerze am Beginn des Gottesdienstes auf den Altar stellt (Absprache mit Pfarrer und Küster/Messner nötig).

Abschluss

Lied

Sie können das Lied „Herr, in deinen guten Händen" (Kop. 2, Seite 30) kopieren und den Kindern austeilen, bevor Sie gemeinsam singen. Sollten Sie dieses Lied bereits als Gruppenritual verwenden, suchen Sie sich bitte für den Abschluss dieser Gruppenstunde ein alternatives meditatives Element aus den Gruppenritualen (Seite 26f.) oder ein Lied Ihrer Wahl aus.

Für zu Hause

Jedes Kind erhält eine kleine Kerze mit etwas Blattwachs zum Verzieren *oder* die kleine Gruppenblume (Kop. 2, Seite 41).

Für jedes Kind kopieren Sie eine kleine Gruppenblume, die die Kinder ausschneiden. Nun schreibt jedes Kind der Gruppe seinen Namen auf die Gruppenblumen der anderen Kinder. So kann jedes Kind durch die Namen auf der Gruppenblume symbolisch „seine Gruppe" mit nach Hause nehmen.

1 Wir

Ich bin ich und du bist du.
Wenn ich rede, hörst du zu.
Wenn du sprichst, dann bin ich still,
weil ich dich verstehen will.
Wenn du fällst, helf ich dir auf,
und du fängst mich, wenn ich lauf.
Wenn du kickst, steh ich im Tor,
pfeif ich Angriff, schießt du vor.
Spielst du pong, dann spiel ich ping,
und du trommelst, wenn ich sing.
Allein kann keiner diese Sachen,
zusammen können wir viel machen.
Ich mit dir und du mit mir – das sind wir.

Irmela Brender

2 Kleine Gruppenblume

2. Tag für Tag

Vgl. Familienbuch Seite 36–39

Jeden Tag können wir als Geschenk Gottes verstehen. Jeder Tag ist wie eine neue Chance, um unser Leben froh und zufrieden zu leben. Auch wenn wir uns oft keine Zeit nehmen, im Alltag an Gott zu denken, er hat immer für uns Zeit.

Wir sind bei Gott immer erwünscht.

Zeit	Element	Material
15'	Einstieg	• ein Wollknäuel
5'	Gruppenritual	• vgl. Tabelle auf Seite 26f.
40'	Hauptteil	• einige kleine Zettel und einen Stift • ein Plakat DIN A2, das laut Anleitung vorbereitet ist • Farbstifte oder Faserschreiber • Uhr
10'	Abschluss	• Gruppenkerze • Streichhölzer
	Für zu Hause	• pro Kind eine Kopie „Zeitgutschein" (Kop. 1, Seite 47)

Merkposten/Notizen/Auswertung

Einstieg

Spiel

Wir alle leben Tag für Tag in Beziehungen mit unseren Mitmenschen, das macht das Spiel zu Beginn bewusst:

Netzknüpfen

Die Kinder setzen sich in einem Kreis auf den Boden. Sie haben ein Wollknäuel in der Hand, erzählen in kurzen Sätzen, was Sie heute schon gemacht haben. Sie halten den Wollfaden fest und rollen das Wollknäuel dann zu einem Kind, wobei Sie fragen: „N., was hast du heute schon gemacht?" So geht es weiter, bis alle Kinder an der Reihe waren und ein Netz zwischen den Kindern entstanden ist.
Um das Netz möglichst dicht zu knüpfen, kann eine weitere Runde gespielt werden, sodass jedes Kind zweimal drankommt.

Gespräch

* Welche Dinge machen wir täglich?
* Was hast du heute schon Besonderes erlebt?

Spiel

Netzknüpfen rückwärts

Das Netz wird aufgelöst, indem das Wollknäuel in umgekehrter Richtung zurückgegeben wird, mit der Frage: Was hättest du heute am liebsten getan?
Beim Netzknüpfen rückwärts sollten Sie darauf achten, dass die Reihenfolge im Vergleich zum Netzknüpfen in genau umgekehrter Weise eingehalten wird, sonst gibt es einen Fadensalat.

Gruppenritual

Meditation

Das Gruppenritual ermöglicht Besinnung und Konzentration auf das Kommende.

Hauptteil

Spiel

Minutentheater

Die Kinder teilen sich in zwei Gruppen auf. Abwechselnd wird von den Gruppen je ein Spieler ausgesucht, der von Ihnen einen Begriff genannt bekommt. Die anderen Kinder sollten nicht hören, was Sie dem Kind sagen. Es hat nur genau eine Minute Zeit, diesen Begriff pantomimisch (ohne Worte und Laute) darzustellen. Beide Gruppen dürfen raten. Die Gruppe, die zuerst die Lösung errät, bekommt einen Punkt.

Vorschläge für Rate-Begriffe: Ski fahren, schwimmen, Tennis spielen, Gitarre spielen, Flöte spielen, Lehrer, Holz hacken, Brot backen, Auto fahren usw.

Die Begriffe können Sie auch auf kleine Zettel schreiben und dem jeweiligen Kind zeigen. Das ist einfacher, als zu flüstern, während die anderen Kinder ihre Ohren spitzen. Für die Ratebegriffe eignen sich am besten Wörter, mit denen eine Tätigkeit verbunden ist.

Gespräch

* Wie war es für uns beim Spiel auf Zeit, habt ihr den Zeitdruck bemerkt?

Zeit, Termine und Verabredungen bestimmen unser Leben. Wie die Uhr vorhin unser Spiel bestimmt hat, bestimmt sie auch unseren Alltag! Oft ist es wichtig, dass wir Uhren und Kalender haben, die uns über unsere Zeit informieren. Wir können unseren Alltag planen, können unserer Zeit einen bestimmten guten Rhythmus geben: Wir haben eine Zeit für Arbeit und eine Zeit für Erholung. Wir haben eine Zeit zum Lernen und eine zum Spielen usw.

Kreativ

Zeit zum Träumen

Sie haben ein Plakat vorbereitet, das durch einen dicken Strich in zwei Hälften unterteilt ist, und legen es in die Mitte. Auf die eine Hälfte malen Sie eine Uhr und auf die andere Hälfte eine Wolke. Um die Uhr herum schreibt jedes Kind sein tägliches oder wöchentliches Pflichtprogramm, wie z.B. Schule, Sporttraining, Musik usw. Um die Wolke herum schreibt jedes Kind, wovon es träumt, was es sonst noch gerne tut oder tun würde, wenn es viel Zeit hat.

Damit sich die Kinder beim Schreiben nicht gegenseitig im Weg sind, sollten Sie für jede Seite des Plakats nur einen oder zwei Stifte bereitlegen.

Gespräch

* Auf welcher Hälfte des Plakates steht mehr?
* Wie seid ihr mit eurem Wochenprogramm zufrieden?
* Was gefällt euch im Verlauf einer Woche, was nicht?
* Was macht einen Tag für euch zu einem besonderen Tag?
* Auf welche Tage freut sich jede und jeder von uns am meisten?
* Gibt es etwas, was ihr verändern wollt?

Abschluss

Meditation

Zeit
Ein Kind stellt die Gruppenkerze in die Mitte und entzündet sie. Die Kinder werden ruhig und sehen in das Licht der Kerze. Dann lesen Sie die folgende Meditation vor:

ZEIT
Wenn alle Uhren stehen blieben, wäre alles zeitlos.
Es gäbe keinen Stress und keine Zeitnot mehr auf der Welt.
Die Erwachsenen bräuchten keinen dicken Kalender mehr.
Niemand von uns hätte noch Termine.
Jeder würde sich mehr Zeit für sich selbst,
für seine Mitmenschen und für Gott nehmen.
Aber wenn alle Uhren plötzlich stehen blieben,
würde auch das reinste Chaos herrschen.
Keiner wüsste, wann der nächste Bus oder Zug fährt,
wann die Schule beginnt und wann sie zu Ende ist.
Die Zeit, die wir haben, ist ein kostbares Geschenk,
über das wir uns freuen können.
Wir sollten versuchen, unsere Zeit sinnvoll zu nutzen.

Für zu Hause

Zeitgutschein (Kop. 1, Seite 47)

Jedes Kind erhält einen Zeitgutschein, mit dem es einer Person seiner Wahl Zeit für eine Unternehmung schenken kann.

1 Zeitgutschein

Überlegt euch, was euch gemeinsam guttun würde und wofür ihr euch vielleicht manchmal zu wenig Zeit nehmt: ein Spiel zusammen spielen, eine Geschichte lesen, einander erzählen, gemeinsam Musik hören oder machen … Euch fällt bestimmt etwas Passendes ein! Schreibt das auf den Zeitgutschein und macht einander so ein Geschenk!

3. Den anderen sehen

Vgl. Familienbuch Seite 40–43

Wir können selbst sehr viel für Gerechtigkeit in unserem Alltag tun. Wo immer wir unsere Mitmenschen so behandeln, wie wir selbst behandelt werden wollen, tun wir etwas Gutes.

Ungerechtigkeit widerspricht nach der Bibel dem Willen Gottes. Jesus hat uns vorgelebt, wie wir uns gegenüber Armen und Kranken verhalten können, damit es ihnen wieder besser geht.

Zeit	Element	Material
10'	Einstieg	• Kopie des Bildes (Kop. 1, Seite 52)
5'	Gruppenritual	• vgl. Tabelle auf Seite 26f.
35'	Hauptteil	• ein DIN-A3-Plakat, das laut Anleitung vorbereitet ist • Farbstifte oder Faserschreiber
10'	Abschluss	• Gruppenkerze • Streichhölzer • pro Kind drei Kärtchen aus Tonkarton, ca. DIN A6 • Farbstifte oder Faserschreiber
	Für zu Hause	• pro Kind eine Kopie der Geschichte „Alltag in Peru" (Kop. 2, Seite 53) oder • pro Kind eine Kopie des heiligen Martin (Kop. 3, Seite 54)
Merkposten/Notizen/Auswertung		

Einstieg

Gerechtigkeit ist ein Thema, das sehr viel Sensibilität verlangt. Ist ein Kind aus einer sozial benachteiligten Familie in der Gruppe, sollten Sie vermeiden, dass ein solches Kind vor den Kopf gestoßen wird, indem seine persönliche Situation zum Thema des Gruppengesprächs wird!

Gespräch

Der Bettler
Sie haben das Zeitungsbild von einem Obdachlosen kopiert (Kop. 1, Seite 52) und legen es in die Kreismitte. Um die Wirkung des Bildes zu erhöhen, ist es sinnvoll, es vergrößert zu kopieren.

* Wie sieht dieser Mensch aus?
* Was tut er?
* Wie schaut er, wie wird er sich wohl fühlen?
* Was fällt euch an ihm auf?
* Was wünscht er sich vermutlich?

Gruppenritual

Meditation

Das Gruppenritual ermöglicht Besinnung und Konzentration auf das Kommende.

Hauptteil

Kreativ

Alltag – ganz verschieden
Alltag bei uns
Die Kinder erzählen von ihrem Alltag. Sicherlich gibt es hier individuelle Unterschiede, aber die Grundstrukturen sind wahrscheinlich ähnlich. Die Kinder sollen anschließend versuchen, gemeinsam einen typischen Alltagsverlauf in einen Wochenstundenplan von Montag bis Sonntag zu schreiben, den Sie auf einem Plakat vorgezeichnet haben. Dazu können sie ihre Stundenpläne im Familienbuch Seite 38 zuhilfe nehmen und vergleichen.

Alltag in Peru
Anschließend liest ein Kind die Geschichte „Alltag in Peru" (Kop. 2, Seite 53) vor.

Gespräch

Die Kinder vergleichen ihren Alltag, den sie auf dem Plakat festgehalten haben, mit dem Alltag in Peru.

* Worin unterscheidet sich der geschilderte Tagesablauf in Peru von unserem Stundenplan?
* Sind wir zufrieden mit dem, was wir haben? Warum? Warum nicht?

Bibeltext

Sie lesen den Bibeltext im Familienbuch auf Seite 42 vor, um den Kindern eine zentrale Aussage der Botschaft Jesu zu verdeutlichen: Wie wir mit unseren Mitmenschen umgehen, so gehen wir auch mit Gott um!

Gespräch

Für Jesus sind die Armen ganz besonders wichtig. Er will, dass wir aufmerksam sind für die Nöte anderer Menschen, der Armen, Kranken, Obdachlosen usw.

* Was kann diese Aufforderung Jesu für uns konkret bedeuten?
* Wie können wir an unserem Umgang mit Kranken, Armen und Ausgestoßenen etwas ändern?

Die Ideen der Kinder zu diesem Thema sind manchmal erstaunlich vielfältig, auch wenn sie selbst mit materieller oder sozialer Armut keine persönlichen Erfahrungen haben. Über konkretes Handeln kann bei den Kindern am besten ein sinnvoller Zugang zu diesem Thema aufgebaut werden. Versuchen Sie deshalb, Ideen der Kinder umzusetzen! Gehen Sie mit Ihrer Gruppe in das Altenheim oder besuchen Sie Kranke oder machen Sie dieses Thema zum Inhalt eines Familiengottesdienstes. Sie ermöglichen den Kindern damit Erfahrungen, die für deren zukünftigen Umgang mit sogenannten Randgruppen prägend sein können.

Abschluss

Gebet

Gute Wünsche

Ein Kind stellt die Gruppenkerze in die Mitte und entzündet sie. Die Kinder können in einem freien Gebet gute Wünsche für notleidende Menschen äußern. Diese Gedanken werden auf kleine Kärtchen geschrieben. Am Ende nimmt jedes Kind seine Kärtchen mit nach Hause, um in der kommenden Woche an die Menschen zu denken, denen es nicht so gut geht wie uns, und um für sie zu beten.

Für zu Hause

Jedes Kind erhält eine Kopie der Geschichte „Alltag in Peru" (Kop. 2, Seite 53) oder eine Kopie der Geschichte des heiligen Martin (Kop. 3, Seite 54), um zu Hause das Erfahrene zu vertiefen.

KOPIERVORLAGE

1 Bild eines Obdachlosen

2 Alltag in Peru

In Montenegro wohnen wir in einer Hütte aus Schilfmatten. Sie ist ungefähr drei mal vier Meter groß und zwei Meter hoch. Zum Glück regnet es in Lima fast nie. Doch manchmal ziehen Kälte und Feuchtigkeit durch die Ritzen, und der Wind bläst den feinen Staub herein. Wenn die Sonne scheint, ist es mittags oft über 30 Grad warm; nachts wird es dagegen sehr kühl, manchmal unter 14 Grad. Weil wir keine Heizung haben, frieren wir oft; das Bett wird ganz klamm und vom Nebel feucht. Unsere Hütte hat nur einen Raum: der ist Küche, Wohn- und Schlafzimmer zugleich. Selbst drei Meerschweinchen und zwei Hühner wohnen hier mit uns. Es gibt einen kleinen Herd, der mit Gas funktioniert, einen Tisch und zwei Bänke, die mein Vater selbst aus alten Brettern gezimmert hat. Außerdem haben wir ein Regal für unser Geschirr und unsere Kleider sowie zwei Betten. In dem einen schlafe ich mit meiner älteren Schwester und meinem jüngeren Bruder – in dem anderen schlafen meine Eltern und mein kleiner Bruder. Oft wache ich nachts auf, weil mich die Flöhe beißen. Wenn ich zur Toilette muss, dann gehe ich in die Dunkelheit hinaus. Hinter der Hütte haben wir ein Plumpsklo, das mein Vater in dem steinigen Boden ausgehoben hat.

Mein Vater muss jeden Morgen früh aufstehen, um arbeiten zu gehen. Er verkauft auf der Straße im Zentrum der Großstadt Lima Kugelschreiber und Briefumschläge. Er kann die auf dem Großmarkt einkaufen und sie mit ein bisschen Gewinn verkaufen. Aber viel wird er nicht los, weil es noch viele andere Verkäufer in derselben Straße gibt. Erst wollten die ihn verjagen, dann hat er sich aber mit ihnen angefreundet. Er kommt erst spätabends nach Hause, weil er meistens über eine Stunde lang Schlange stehen muss, um in einen der überfüllten Busse nach Montenegro einsteigen zu können. Die Fahrt dauert auch ungefähr eine Stunde.

Meine Mutter geht jeden Morgen bei anderen Leuten Wäsche waschen, um ein bisschen Geld zu verdienen. Ich muss dann auf meine beiden kleinen Brüder aufpassen. Ich gehe auf den Markt einkaufen und bereite dann das Mittagessen zu. Meistens gibt es Reis, einige Kartoffeln und ein wenig Gemüse oder Salat. Nur selten kann ich ein winziges Stück Hühnerfleisch kaufen. Nach dem Mittagessen, von eins bis sechs, gehe ich zur Schule. Oft bin ich sehr müde und würde am liebsten während des Unterrichts schlafen. Meine Schwester Roxana geht vormittags zur Schule, von acht bis eins. Am Nachmittag hilft sie unserer Tante im Laden.

Wenn mein Vater abends nach Hause kommt, schlafe ich meistens schon. Oft streiten meine Eltern sich, vor allem, wenn mein Vater kein Geld mitbringt, weil er den ganzen Gewinn mit seinen Freunden vertrunken hat. Darum kann ich dann am nächsten Tag nicht auf den Markt einkaufen gehen.

* Malt eine Szene aus dieser Geschichte, die euch besonders beeindruckt.

3 Der heilige Martin von Tours

Als der heilige Martin lebte, war es üblich, dass die Söhne von Berufssoldaten auch Soldaten wurden. So wurde auch Martin mit 15 Jahren zum Militärdienst eingezogen, obwohl er kein Soldatenleben führen wollte. Er verhielt sich auch nicht, wie sich Soldaten üblicherweise verhielten: Er war freundlich zu seinen Kameraden, war geduldig und bescheiden. Er ging mit Nächstenliebe auf andere Menschen zu, half den Armen und Hungernden. Von seinem Sold behielt er nur, was er zum Leben brauchte, alles andere gab er Bedürftigen. Obwohl er nicht getauft war, verhielt er sich wie ein Christ. Seine Kameraden verehrten ihn und hielten ihn schon damals mehr für einen Mönch als einen Soldaten.

An einem besonders kalten Wintertag, als Martin nichts außer Waffen und dem einfachen Soldatenmantel bei sich trug, begegnete er am Stadttor von Amiens* einem unbekleideten armen Mann, einem Bettler. Alle anderen Menschen, die vorüberkamen, gingen an ihm vorbei. Martin wusste, dass er helfen musste. Da er nichts anderes bei sich hatte, teilte er mit dem Schwert seinen Mantel in zwei Teile. Den einen Teil gab er dem Armen, den anderen behielt er selbst. Andere Leute, die das sahen, lachten ihn aus – ein Soldat mit einem halben Mantel sah schon erbärmlich aus. Andere schämten sich, dass sie selbst nicht geholfen hatten.

In der darauffolgenden Nacht erschien dem schlafenden Martin Christus, der mit dem halben Soldatenmantel bekleidet war, den er dem Armen am Stadttor gegeben hatte. Martin hörte Jesus Christus sagen: „Martin hat mich mit diesem Mantel bekleidet. In der Bibel steht: ‚Was immer ihr einem Geringsten getan habt, das habt ihr mir getan'" (Matthäus 25,40). Martin erkannte die Güte Gottes. Als er 18 Jahre alt war, ließ er sich taufen.

das ist eine Stadt in Frankreich

Du kannst das Bild vom heiligen Martin bunt ausmalen.

4. Wir streiten und versöhnen uns

Vgl. Familienbuch Seite 44–47

Friede und Versöhnung sind ein Wunsch Gottes für alle Menschen. Friede ist möglich, wenn wir nicht auf Kosten anderer leben. Es gibt Situationen, in denen es nötig ist, miteinander zu streiten. Wichtig dabei ist, dass wir fair bleiben und versuchen, auch den anderen zu verstehen. Jesus will, dass wir uns versöhnen und Frieden suchen, wenn es Streit gibt. Frieden können wir nur gemeinsam schaffen.

Zeit	Element	Material
20'	Einstieg	• ein dickes, langes Seil • ein Stück farbiges Klebeband
10'	Alternative zum Einstieg	• mehrere Wattebäusche
5'	Gruppenritual	• vgl. Tabelle auf Seite 26f.
30'	Hauptteil	• evtl. Requisiten für das Rollenspiel
20'	Abschluss	• Gruppenkerze • Streichhölzer • pro Kind eine Kopie des Liedes „Wir reichen dir die Hände" (Kop. 1, Seite 59)
	Für zu Hause	• pro Kind eine Kopie der Friedenstaube (mit Erläuterungen), Kop. 2, Seite 60
Merkposten/Notizen/Auswertung		

Einstieg

Spiel

Am Beginn des Kindertreffens steht ein Spiel zum Thema Streit, (Wett-)Kampf.

Seilziehen

Zum Seilziehen benötigen Sie ein dickes, langes Seil und einen Klebestreifen. Die Kinder bilden zwei Mannschaften. Sie sollten darauf achten, dass die Mannschaften ungefähr gleich stark sind. Den Klebestreifen kleben Sie auf den Boden und legen die Mitte des Seils darauf. Jedes Team geht an ein Ende des Seils.

Auf ein Startzeichen versuchen beide Mannschaften, so kräftig wie möglich am Seil zu ziehen. Die Mannschaft, die es geschafft hat, die anderen Spieler über die Mittellinie zu ziehen, hat gewonnen.

Falls der Raum für Seilziehen zu klein ist, kann folgendes Spiel eine Alternative sein:

Alternative zum Einstieg

Spiel

Der kleine Giftzwerg

Zwei Kinder liegen sich bäuchlings auf dem Boden gegenüber, die Köpfe einander zugewandt. In der Mitte der beiden liegt ein kleiner Wattebausch, der Giftzwerg. Dieser darf von den Spielern nicht berührt werden! Auf ein Kommando beginnen die beiden, den Wattebausch zu ihrem Gegner zu pusten. Ziel des Spiels ist es, den Wattebausch durch Pusten so weit zum Mitspieler zu befördern, dass dieser ihn berührt, mit ihm selbst aber nicht in Berührung zu kommen.

Wer vom Wattebausch berührt wird, ist vom Giftzwerg gebissen und hat leider verloren.

Gruppenritual

Meditation

Das Gruppenritual ermöglicht Besinnung und Konzentration auf das Kommende.

Hauptteil

Kreativ

Streit

Die Kinder finden sich in zwei oder drei kleinen Gruppen zusammen. Jede der Gruppen stellt eine der beschriebenen Streitsituationen im Rollenspiel dar. Sie können von

Gruppe zu Gruppe gehen und den Kindern bei der Vorbereitung helfen. Anschließend spielt jede Gruppe den anderen Kindern ihr kleines Rollenspiel vor.

* Zwei Geschwister streiten sich. Der ältere Bruder Thomas behauptet: „Sabine, du kleines Scheusal, du hast meine CD genommen ohne zu fragen, und dann hast du sie zerkratzt! Schau mal, die sieht total kaputt aus, die läuft sicher nicht mehr!" Sabine ist für einen Moment sprachlos, und dann …
* Im Sportunterricht spielen zwei Mädchen zusammen Badminton. Die eine kann den Aufschlag noch nicht so gut. Die andere schimpft: „Mensch, Susi, jetzt stell dich doch nicht so an, das gibt es ja wohl nicht! Streng dich an, schau, so geht das!" Susi schämt sich, aber sie spürt auch eine riesige Wut in sich hochsteigen … Dass Emma sie immer so bloßstellen muss! Und dann …
* Ein Junge baut im Sand eine riesige Burg. Ein Mädchen kommt angerannt und läuft in der Eile einen Schritt zu weit, direkt in die schöne Sandburg. Und dann …

Um das Rollenspiel interessant und lebendig zu gestalten, können Sie einige Requisiten bereitstellen.

Gespräch

Wenn man seine eigene Meinung vertritt, sind Auseinandersetzungen unvermeidbar. Diese sind sogar wichtig, denn durch sie können wir viel lernen; manchmal führen sie aber zu Streit. Es gibt verschiedene Möglichkeiten, Meinungsverschiedenheiten untereinander auszutragen: körperliche Gewalt, einander anschreien, ein Gespräch in Ruhe.

* Wie fühlen wir uns nach einem schlimmen Streit?
* Wie können wir einen Streit lösen, welche Wege zur Versöhnung kennen wir?

Wenn wir versuchen, einen Streit zu lösen, darf keiner stur denken. Jeder muss versuchen, sich mit dem anderen zu einigen, sodass es für alle Beteiligten eine gerechte Lösung gibt. Sich nach einem Streit wieder zu versöhnen, ist oft nicht einfach. Dazu muss man nachgeben und verzeihen können. Einer muss den ersten Schritt zur Versöhnung machen.

Kreativ

Versöhnung

Dieselben kleinen Gruppen, die eine Streitszene gespielt haben, überlegen sich nun eine Lösungsmöglichkeit zu ihrem Streit von vorhin und spielen diese nach kurzer Vorbereitung wiederum den anderen Kindern vor. Dabei können im Rollenspiel verschiedene Möglichkeiten der Versöhnung dargestellt werden.

Abschluss

Meditation

Ein Kind stellt die Gruppenkerze in die Mitte und entzündet sie. Sie erklären den Kindern, dass Friede nur durch Gemeinschaft zu erhalten ist, bitten die Kinder, sich in einen Kreis zu stellen oder zu setzen. Sie lesen dann folgende Meditation vor:

> Friede
> Friede, was ist das?
> Friede entsteht,
> wenn wir offen aufeinander zugehen,
> wenn wir ehrlich zueinander sind,
> wenn wir einander mit Achtung begegnen
> und einander so nehmen, wie wir sind.
> Friede ist dort, wo Menschen sich die Hände geben,
> miteinander reden, singen, beten und tanzen.
> Wir können Frieden empfangen.
> Der Friede Gottes ist etwas ganz Besonderes –
> er ist in unseren Herzen und beginnt dort zu wachsen.
> Wir können Frieden weitergeben.
> Gemeinsam können wir den Frieden in die Welt tragen
> und versuchen, in Frieden miteinander zu leben.

Bei der Textzeile „Frieden empfangen" können alle im Kreis die rechte Hand zu einer Schale formen und in Richtung ihres rechten Nachbarn ausstrecken.
Bei der Textzeile „Frieden weitergeben" kann dann die linke Hand in die rechte Hand des linken Nachbarn gelegt werden, es entsteht so ein Kreis, in dem sich alle gegenseitig an den Händen halten.

Lied

Um gemeinsam den Frieden hinauszutragen, mit nach Hause und in die nächste Woche zu nehmen, singen Sie gemeinsam das Lied „Wir reichen uns die Hände" (Kop. 1, Seite 59), das Sie kopiert und an jedes Kind ausgeteilt haben.

Für zu Hause

Jedes Kind erhält als Aufruf zur Versöhnung eine Friedenstaube (Kop. 2, Seite 60).

1 Lied

Wir reichen uns die Hände
2-stimmiger Kanon

Text und Musik: Norbert M. Becker

KOPIERVORLAGE

2 Friedenstaube

Schon immer war die Taube für die Menschen ein Tier mit großer Bedeutung: Die Menschen sahen in ihr die Eigenschaften Liebe und Treue ausgedrückt. In der Bibel finden wir diese Symbolik (= „Zeichensprache") auch: Eine weiße Taube bringt Noach in der Arche einen grünen Zweig im Schnabel. Dadurch wird Noach klar, dass nach schwierigen Zeiten durch Gottes Handeln ein neues Leben möglich wird.

Im Neuen Testament wird der heilende, liebevolle und befreiende göttliche Geist, mit dem Jesus von Nazaret erfüllt war, in der Gestalt der Taube ausgedrückt, die über Jesus schwebt.

Für viele Menschen ist die Taube ein besonderes Zeichen für die Liebe zum Frieden und für gegenseitige Unterstützung. In Bildern oder anderen Darstellungen in der Kirche ist sie immer ein Hinweis auf den Heiligen Geist.

II Viele Fragen –
Unser Leben gibt uns zu denken

Intensiver denn je werden Kinder heute schon früh mit den unterschiedlichen Realitäten des Alltags konfrontiert. Fernsehen und Internet bringen Bilder von Umweltkatastrophen, Hunger, Krieg, Verbrechen und Tod in die Wohnungen. Manchen Kindern kommt die Realität des Streites und des Scheiterns im Umgang miteinander in der Trennung ihrer Eltern besonders nahe. Die Lebenswelt der Kinder, ihr Alltag, das Umfeld, in dem sie aufwachsen, ist neben vielen positiven Erfahrungen nicht frei von jenen Erlebnissen, die das eigene Leben immer wieder infrage stellen. Zu meinen, Kinder würden all das, was sie an Fragwürdigem in ihrem Umfeld erleben, nicht mitbekommen und nicht verstehen, geht an der Realität vorbei. Oftmals setzen sich Kinder intensiver und offener mit den Fragen des Lebens auseinander als Erwachsene. Daher ist es unumgänglich, die großen Fragen nach dem Woher und Wohin menschlichen Lebens, nach dem Entstehen und dem Sterben, nach der Freude und dem Leiden zu thematisieren. Sich mit Kindern zusammen auf die Suche nach der Botschaft und den Geheimnissen unseres christlichen Glaubens zu machen, beinhaltet auch, sich zusammen mit ihnen den Fragen unseres Lebens zu nähern. Wir können Kinder mit den Fragen ihres Lebens nicht alleine lassen. Kinder verstehen es aber sehr wohl, wenn auch wir Erwachsene an die Grenzen des Erklärbaren kommen und ihnen eingestehen, dass wir nicht alles erklären können. Dennoch können wir uns zusammen mit den Kindern Gedanken machen über das, was sie und uns bewegt. Alles Leben steht schon immer in Beziehung zu Gott. Wir Menschen sind ein Teil seiner Schöpfung, die Gott uns als Grundlage des Lebens anvertraut hat. Wer sein eigenes Leben von Gott her versteht und zu leben versucht, dem wird etwas Wichtiges als Verheißung mitgegeben: „Du bist nicht ein Zufallsprodukt deiner Eltern, sondern du kannst darauf bauen, dass du aus Gott kommst und zu Gott hingehst. Bei Gott bist du **Einmalig und unverwechselbar** – du bist du, mit all deinen Stärken und Schwächen." Wenn Gott der Schöpfer der Welt ist, dann kommt mit jedem Kind etwas Göttliches von ihm in diese Welt. Der Mensch als Ebenbild Gottes ist nicht einfach Abbild Gottes, aber in jedem Menschen spiegelt sich Göttliches. Von Gott her gibt es Zusagen und Verheißungen, auf die wir bauen können oder aber auch nicht. Diese freie Entscheidung ist jedem aufgetragen und freigestellt. Es geht also im Glauben darum, wahrzunehmen, was Gott an uns schon getan hat, heute tut und künftig noch tun wird, sich dessen bewusst zu werden und es zu deuten. Die Kommuniongruppe unterstützt die Kinder, sich für die von Gott zugesagte Liebe und Geborgenheit zu öffnen, sich dieser Wirklichkeit Schritt für Schritt bewusst zu werden und das eigene Leben in dieser Sicht deuten zu lernen. Dabei darf das Dunkle unseres Lebens nicht verdrängt werden. Kinder werden mit den Dunkelheiten des Lebens oft mehr konfrontiert als wir annehmen. So manches Kind hat im Verwandten- oder Freundeskreis schon einen Todesfall miterlebt. **Was ist, wenn wir sterben?** Viele Kinder haben schon ein geliebtes Haustier verloren. Sie setzen sich mit der Frage, warum wir sterben und was dann aus uns wird, auf ihre Weise auseinander. Die intensivste und zunächst wider alle Vernunft argumentierende Aussage, dass der Tod der Anfang neuen Lebens ist und dass in der Auferweckung Jesu Christi auch unser Leben über den Tod hinaus geöffnet wird auf ein neues Leben in der neuen Welt Gottes hin, ist das zentrale Goldstück christlicher Botschaft und Verheißung. Der Tod ist nach christlichem Verständnis kein Ende, keine Mauer, an der alles aus ist. Der Tod ist vielmehr ein Tor zu neuem, ewigem Leben bei Gott. Der Tod ist Durchgang zu einem Leben in der unmittelbaren Nähe Gottes. Ein Leben, das über menschliches Denken hinausgeht. „Der Tod ist ein Qualitätssprung, den unsere kühnsten Hoffnungen und Fantasien nicht mitspringen können" – wie es der Dichter Wilhelm Willms ausdrückt.

Die Völker der Erde kennen verschiedene **Wege zu Gott**. Unser Weg ist Jesus Christus. Wir Christen sind nicht die Einzigen, die sich den großen Fragen des Lebens stellen und Antworten aus dem Glauben suchen. Wir leben in einer offenen Gesellschaft, zusammen mit Menschen aus verschiedenen Kulturen und Religionen. Nicht weniger als der Frieden und damit die Zukunft der Welt hängt entscheidend davon ab, dass die Religionsgemeinschaften fried- und respektvoll miteinander umgehen lernen. Dazu gehört es, Gemeinsamkeiten und Unterschiede wahrzunehmen. Ein wichtiges Ziel der Kommunionvorbereitung besteht deshalb auch darin, die Kinder darin zu unterstützen, unseren christlichen Glauben tiefer zu verstehen und auskunftsfähig gegenüber anderen Glaubensüberzeugungen zu werden. Anregungen dafür bietet die Fortsetzungsgeschichte der Ferienfreizeit im Familienbuch.

Im alltäglichen Leben gibt es viele Enttäuschungen, die für sensible Kinder oftmals bedrückender sind, als Erwachsene das wahrnehmen. Kinder merken in ihrem Alltag schnell, wenn die Kommunikation untereinander mühsam oder abgebrochen ist. Sie tragen in sich eine große Sehnsucht nach Geborgenheit und Nähe, nach Harmonie und Zuwendung, nach Anerkennung und Lob. Kinder sind allerdings nicht nur Opfer eines vielleicht nicht immer besonders liebenswerten Umgangs miteinander. Auch sie können sich feindselig, gewalttätig und lieblos verhalten, im Umgang mit ihren Freundinnen und Freunden genauso wie in der Familie oder in der Kindergruppe. Aber sie merken auch schnell und mit einem sicheren Gespür, wenn sie selbst Fehler gemacht haben. Sie besitzen oft ein sehr feinfühliges Gewissen und können sehr genau einschätzen, was gut und was böse ist. Wichtig ist, dass die Kinder mit ihrem Wissen um die eigenen Fehler nicht alleine gelassen werden. Die Erfahrung, dass es immer möglich ist, Fehler einzusehen, umzukehren und neu aufeinander zuzugehen, ist eine Erfahrung, die für den Alltag genauso wichtig ist wie für die Beziehung zu Gott – **Raus aus der Sackgasse**. Das eigene Leben gerade auch von seinen Grenzen und Dunkelheiten her zu verstehen und besser gestalten zu können, wird uns ermöglicht durch eine der großen Zusagen Gottes. Diese Zusage vermittelt die christliche Botschaft in einem Bild: Wie ein barmherziger Vater nimmt Gott uns auf und ermöglicht uns, unser Leben und unsere Beziehung zu ihm auch nach Fehlern und Scheitern neu zu gestalten.

5. Einmalig und unverwechselbar

Vgl. Familienbuch Seite 52–55

Gott hat alle Menschen geschaffen, unser Leben kommt von Gott. Er meint es gut mit uns und begleitet uns beim Wachsen und Größerwerden. Wir sind Gottes Ebenbild. Das gibt jeder und jedem von uns einen besonderen Wert. Gott hat uns die Welt anvertraut. Wir haben dadurch Verantwortung für Gottes Schöpfung. Wenn wir Gottes gute Schöpfung zerstören, können wir in Zukunft nicht mehr gut leben. Wir Menschen sind als Geschöpfe Gottes selbst ein Teil seiner Schöpfung.

Zeit	Element	Material
10′	Einstieg	• ein Tuch zum Augenverbinden • verschiedene Gegenstände zum Ertasten
5′	Gruppenritual	• vgl. Tabelle auf Seite 26f.
40′	Hauptteil	• eine Steh- oder Bürolampe mit mindestens 60 Watt • pro Kind ein DIN-A3-Bogen schwarzes Tonpapier • pro Kind ein DIN-A3-Bogen helles Tonpapier • pro Kind eine Schere • Farbstifte oder Faserschreiber • Klebstoff
15′	Abschluss	• festes Papier in Weiß oder Pastellfarbe: pro Kind ca. 10 x 10 cm • Wasserfarben • Scheren • Klebstoff • Stifte • pro Kind eine Kopie des Liedes „Nach deinem Ebenbild" (Kop. 1, Seite 67)

		• pro Kind etwa 30 cm Textilband (wie es in Gesangsbüchern als Lesezeichen eingeklebt ist), die Breite sollte 7 mm nicht überschreiten
	Für zu Hause	• Klebstoff aus der Tube • Schere • Lesezeichen aus dem Abschluss • Anleitung (Kop. 2, S. 68)

Merkposten/Notizen/Auswertung

Einstieg

Spiel

Nehmt euch ein Tuch und verbindet einem oder einer von euch die Augen. Ihr könnt nun versuchen, mit verbundenen Augen Gegenstände zu ertasten.

Gruppenritual

Meditation

Das Gruppenritual ermöglicht Besinnung und Konzentration auf das Kommende.

Hauptteil

Kreativ

Schattenbilder
Jeweils zwei Kinder basteln zusammen ihre Schattenbilder.

Material: Steh- oder Bürolampe mit starkem Licht, schwarzes und helles Tonpapier. Das helle Tonpapier wird an der Wand in Kopfhöhe eines Kindes befestigt, dieses stellt sich ca. 5-10 cm davor hin. Nun leuchtet die Lampe auf das Kind, sodass auf dem Papier der Schattenumriss im Profil des Kindes erkennbar wird. Dieser Umriss wird nun von dem anderen Kind genau nachgezeichnet, evtl. mit Ihrer Hilfe. Dann tauschen die Kinder.

Die Schattenbilder werden anschließend ausgeschnitten und auf das dunkle Tonpapier geklebt.

Anstelle der relativ aufwendigen Schattenbilder können auch Hand- oder Fußabdrücke angefertigt werden. Dazu wird die Hand oder der Fuß mit Fingerfarbe oder Wasserfarbe bemalt, anschließend wird der Körperteil auf ein Tonpapierplakat gedrückt, sodass sich ein Abdruck ergibt.

Meditation

Die Schattenbilder werden nebeneinandergelegt und betrachtet.
Jedes Bild zeigt besonders deutlich, was an der Person so besonders ist, deren Schatten dargestellt ist. Die Kinder hören von Ihnen folgenden Text:

> Die eine hat einen Lockenkopf,
> der andere ein spitzes Kinn,
> der Nächste hat eine kleine Stupsnase,
> und eine hat eine Brille auf …
> Schaut euch die Bilder an,
> was seht ihr noch?
> Es ist aber nicht alles auf dem Schattenbild zu sehen,
> was eine Person so besonders macht:
> Jeder und jede von uns hat Eigenheiten,
> die man auf so einem Bild nicht festhalten kann,
> die Eigenheiten, die Besonderheiten der Persönlichkeit.
> Es ist die Art, wie jemand geht,
> wie er sitzt,
> sein Blick, wenn er mit jemandem spricht.
> Es ist die Art, wie jemand fühlt und denkt,
> und das ist bei jedem einmalig.
> Der eine kann dies,
> die andere das.
> Jeder kann etwas,
> aber jede kann etwas anderes.
> Und Gott liebt uns alle so, wie wir sind:
> Mit dem, was wir gut können,
> und mit dem, was uns nicht gelingt.
> Und darum kann auch jeder sich selbst

so mögen, wie er ist,
mit seinem Aussehen
und mit allen Eigenschaften,
die er besitzt:
mit allen Stärken
und mit allen Schwächen.
Jede/r von uns ist einzigartig.
Jede/n von uns gibt es nur einmal auf der Welt.
Und damit ist jede/r etwas ganz Besonderes,
etwas sehr Wertvolles:
ein einmaliger, genialer Einfall Gottes!

Abschluss

Kreativ

Fingerabdruck-Kärtchen

Sie haben für jedes Kind ein Stück festes Papier (Tonpapier o.Ä.) in Weiß oder einer Pastellfarbe vorbereitet, etwa 10 × 10 cm. Das Papier wird in der Mitte längs gefaltet, sodass es dann 10 × 5 cm misst.

Auf beiden Außenseiten hinterlässt jedes Kind an allen Kärtchen der anderen Kinder seinen Fingerabdruck und schreibt seinen Vornamen dazu.

Dann werden die Innenseiten des bedruckten Papiers mit Klebstoff bestrichen. Das Textilband wird in das Papier eingelegt. Das Band wird in das Familienbuch geklebt (s. Skizze Seite 68), sodass sie sich immer an ihre Kommuniongruppe erinnern können.

Es ist ein tolles Gefühl zu wissen, dass Gott uns liebt. Dafür können wir Gott danken und das Lied „Nach deinem Ebenbild" singen.
Dazu sammeln sich die Kinder alle in einem Kreis.
Ein Kind stellt die Gruppenkerze in die Mitte und entzündet sie.
Die Bilder und Lesezeichen können um die Gruppenkerze gelegt werden.
Nach einer angemessenen Zeit des Ruhigwerdens singt die Gruppe gemeinsam das genannte Lied.
Mit Kindern, die nicht so gerne singen, kann hier alternativ anstelle des Liedes z.B. der Sonnengesang des heiligen Franziskus aus dem Familienbuch, Seite 53, als gemeinsames Gebet gesprochen werden.

Für zu Hause

Jedes Kind erhält sein Lesezeichen aus dem Abschluss für das Familienbuch (Anleitung, Kop. 2, Seite 68)

1 Lied

Nach deinem Ebenbild

Text und Melodie: Barbara Berger

Ref.: Nach dei-nem E-ben-bild hast du uns er-schaf-fen, oh Gott, wir sind so wun-der-

bar von dir er-dacht, wir kön-nen vie-le schö-ne Din-ge ma-chen und

Gu-tes für and-re Men-schen tun.

1. Uns-re Au-gen kön-nen
2. Uns-re Oh-ren kön-nen
3. Uns-re Hän-de kön-nen
4. Uns-re Stim-me kann Gott

se-hen Got-tes Schöp-fung, uns-re schö-ne Welt. Und wir
hö-ren Got-tes Wort, das er uns sagt. Und wir
hel-fen, kön-nen trös-ten und lin-dern man-che Not. Und wir
lo-ben, kann ihm dan-ken, dass er uns Le-ben gab. Und wir

kön-nen die Au-gen öff-nen und and-ren hel-fen, wie es Gott ge-fällt.
kön-nen die Oh-ren öff-nen für die Sor-gen, die uns ein Mit-mensch klagt.
kön-nen mit uns-ren Hän-den tei-len un-ser täg-lich Brot.
kön-nen and-ren Men-schen von Gott er-zäh-len, heut und je-den Tag.

2 Anleitung Lesezeichen

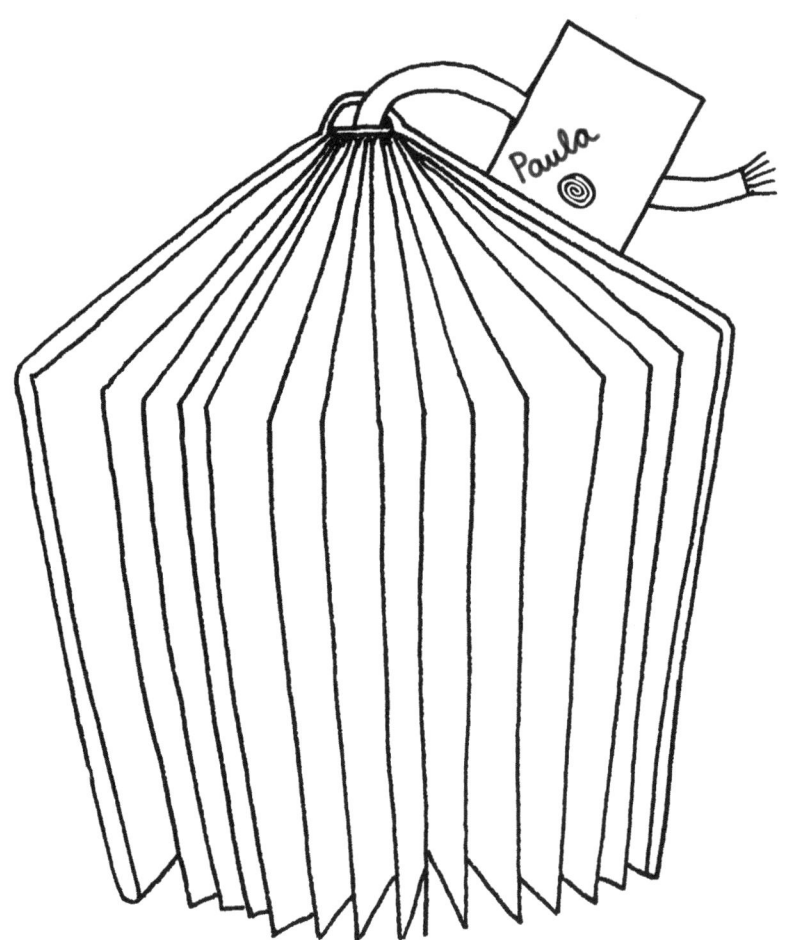

Anleitung: Das Familienbuch öffnen. Zwischen die Bindung des Familienbuches und den festen Umschlag des Buches vorsichtig etwas Klebstoff hineintropfen. Dann das eine Ende des Bändchens hineinschieben, sodass es sich mit dem Klebstoff verbindet. Durch Schließen des Buches festdrücken (siehe Grafik).

6. Was ist, wenn wir sterben?

Vgl. Familienbuch Seite 56–59

> Wir vertrauen darauf, dass mit dem Tod nicht alles aus ist. Der Tod ist wie ein Tor zu neuem Leben. Weil Gott Jesus auferweckt hat, glauben wir, dass Gott auch uns auferwecken wird. So wie aus dem sterbenden Weizenkorn neues Leben sprießt, so kommen auch wir, wenn wir sterben, zu neuem Leben bei Gott.

Zeit	Element	Material
10′	Einstieg	
5′	Gruppenritual	• vgl. Tabelle auf Seite 26f.
30′	Hauptteil	• pro Kind ein Blatt weißes Papier (DIN A4) • Farbstifte • Familienbuch
Abschlussvarianten		
15′	Abschluss in der Kirche	• Öffnungszeit und ggf. Belegung der Kirche erfragen
15′	Abschluss auf einem Friedhof	
5′	Abschluss im Gruppenraum	• Gruppenkerze • Streichhölzer • pro Kind eine Kopie des Liedes „Du bist so fern, du bist so nah" (Kop. 1, Seite 73)
	Für zu Hause	• pro Kind ein kleines Tonblumentöpfchen oder ein anderes zum Ansäen geeignetes kleines Gefäß • Pflanzerde • Samen (Sonnenblumenkerne, Weizen, Kresse …)
Merkposten/Notizen/Auswertung		

Einstieg

Spiel

Im folgenden Spiel können die Kinder ihrem Bewegungsbedürfnis freien Lauf lassen.

Versteinern

Alle verteilen sich im Raum. Ein Kind spielt den Fänger und versucht, die anderen zu fangen. Wenn ein Kind dem Fänger nicht entkommen kann, sondern von ihm gefangen wird, bleibt es ganz steif und starr, wie versteinert, stehen. Das Kind ist so lange „versteinert", bis ein anderes Kind es durch eine Umarmung (oder eine Berührung an der Schulter) befreit. Der Fänger versucht, alle Kinder zu erwischen, sodass kein Kind mehr durch ein anderes befreit werden kann.
Ist der Fänger müde, wird gewechselt. Je nach Gruppengröße sind eventuell zwei Fänger nötig, um zu einem Ende zu kommen.

Gruppenritual

Meditation

Das Gruppenritual ermöglicht Besinnung und Konzentration auf das Kommende.

Hauptteil

Text

Geschichte

Sie lesen die Geschichte „Kais Opa" aus dem Familienbuch, Seite 56, vor.

Gespräch

* Habt ihr schon einmal so etwas Ähnliches erlebt wie Paula?
* Ist schon einmal ein Mensch gestorben, den ihr sehr lieb gehabt habt?
* Wie habt ihr euch damals gefühlt?

In der Bibel wird uns zugesagt, dass mit dem Tod nicht alles aus ist. Der Tod ist das Tor in ein neues Leben bei Gott. Es fällt uns schwer, das zu verstehen. Trotzdem können wir Christen darauf vertrauen, dass es nach dem Tod weitergeht. Gott hat Jesus auferweckt und wir glauben, dass er auch uns auferwecken wird. Wir brauchen keine Angst zu haben vor dem Tod, auch wenn wir danach nicht mehr in unserem Körper weiterleben werden. Gott hat uns zugesagt, dass er uns neues Leben in seiner Nähe schenken wird. „Habt keine Angst, im Sterben liegt der Anfang zu einem neuen Leben. Ihr gewinnt neues Leben bei Gott."

Text

Sie lesen den Kindern die Geschichte „Von der Raupe zum Schmetterling" vor, im Familienbuch auf Seite 58.

Kreativ

Jedes Kind bekommt ein Blatt Papier und Stifte. Während Sie die Geschichte ein zweites Mal vorlesen, beginnen die Kinder jene Szene aus der Geschichte zu malen, die sie am meisten beeindruckt.
Es kann gut sein, dass diese Geschichte bei den Kindern das Bedürfnis zum Gespräch auslöst. Sie können während des Malens mit den Kindern über den Inhalt der Geschichte sprechen und ihnen das darin enthaltene Gleichnis verdeutlichen: Das Verpuppen ist eine Art Sterben und die Wandlung zum Schmetterling ist eine Wandlung zu neuem Leben.

Abschlussvarianten

… in der Kirche: Sie gehen mit den Kindern in die Kirche. Möglicherweise besteht dort die Gelegenheit, eine Kerze für die Verstorbenen zu entzünden. Sie können den Kindern auch das sogenannte „Ewige Licht" zeigen, mit dem Hinweis, dass dieses Licht immer brennt, damit wir uns daran erinnern, dass Jesus Christus von den Toten auferstanden ist und im Heiligen Geiste immer bei uns ist.

… auf dem Friedhof: Sie gehen mit den Kindern auf einen nahe gelegenen Friedhof. Ist ein Angehöriger eines Kindes hier beerdigt? Fragen Sie das Kind vorher, ob es möchte, dass die Kommuniongruppe zu diesem Grab geht. Lassen Sie die Kinder Gräber suchen, die besonders geschmückt oder besonders verlassen sind. Welches Grab berührt die Kinder besonders? Lassen Sie die Kinder gegebenenfalls Geschichten zu diesen Gräbern erzählen …

… im Gruppenraum: Ein Kind stellt die Gruppenkerze in die Mitte und entzündet sie. Gemeinsam singen sie das Lied „Du bist so fern, du bist so nah" (Kop. 1, Seite 73), das Sie kopiert und ausgeteilt haben.

Für zu Hause

Sie können mit den Kindern Weizenkörner/Samen in kleine Blumentöpfe einpflanzen und jedem Kind mitgeben. Pro Kind brauchen Sie einen kleinen Blumentopf. Sehr schön sind kleine Ton-Blumentöpfchen aus dem Gartencenter; bei einem schmaleren Budget erfüllen aber Joghurtbecher auch ihren Zweck. Dieses kleine Gefäß füllt jedes Kind nun mit Pflanzerde, in die dann Samen gelegt werden. Die Kinder dürfen ihr Töpfchen mit nach Hause nehmen, dort wird es an einen hellen Ort gestellt und durch regelmäßiges Gießen feucht gehalten. Bald werden sich die ersten grünen Spitzen zeigen: Aus dem Samenkorn ist neues Leben entstanden. Es hat sich verwandelt und ist zu neuem Leben gekommen.

1 Lied

Du bist so fern, du bist so nah

Text und Musik: Norbert M. Becker

Du bist so fern.__ Du bist so nah.__ Du bist so
an - ders und doch da. Du bist im Le - ben. Du bist im
Tod. Du gibst dich uns in Wein__ und Brot. Du bist im
Le - ben. Du bist im Tod. Du bist die Lie - be, gu - ter Gott.

7. Wege zu Gott

Vgl. Familienbuch Seite 60–63

Die verschiedenen Religionen sind unterschiedliche Wege von Menschen zu Gott. Die jüdische, die islamische und die christliche Religion haben trotz aller Verschiedenheit viele Gemeinsamkeiten, die ein friedvolles Miteinander ermöglichen. Jesus Christus ist für uns Christen der Weg zu Gott.

Zeit	Element	Material
15'	Einstieg	
5'	Gruppenritual	• vgl. Tabelle auf Seite 26f.
30'	Hauptteil	• trockene Holzstöcke • Bast- oder Hanfschnur
10'	Abschluss	• Familienbuch • Gruppenkerze • Streichhölzer
	Für zu Hause	• Gebastelte Holzkreuze aus dem Hauptteil
Merkposten/Notizen/Auswertung		

Einstieg

Text

Zu Beginn der Gruppenstunde lesen Sie folgende Geschichte vor:

Das Ringgleichnis

Sultan Saladin war ein muslimischer Herrscher, der vor vielen Hundert Jahren im Orient lebte. Eines Tages ließ er den Juden Nathan zu sich rufen. Nathan war sehr berühmt für seine Weisheit. Sultan Saladin stellte ihm eine schwere Frage, die ihm sehr am Herzen lag: „Antworte mir, kluger Nathan. Es gibt so viele verschiedene Religionen auf der Welt. Von dir möchte ich nun wissen, welcher Glaube der wahre ist: der jüdische, der christliche oder der muslimische?"

Nathan antwortete mit dieser Geschichte:

„Lasst mich euch die folgende Geschichte erzählen, Saladin.

Vor langer, langer Zeit lebte im Orient ein Mann, der einen schönen und wertvollen Ring besaß. Der Ring hatte eine wunderbare Kraft: Jeder, der ihn trug, war beliebt und wurde von allen Menschen gemocht. Der Mann vererbte den Ring demjenigen seiner Kinder, das er am liebsten mochte. Er bat es, den Ring auch wieder an sein liebstes Kind zu vererben. So ging es immer weiter. Wer den Ring besaß, war gleichzeitig auch das Oberhaupt der Familie. Schließlich wurde der Ring an einen Mann vererbt, der drei Kinder hatte, die er alle drei gleich gerne mochte. Von Zeit zu Zeit schien ihm mal das erste, mal das zweite und mal das dritte Kind als der würdigste Träger des Rings. Deshalb versprach er allen dreien, dass er ihnen den Ring vererben werde.

Ihr könnt euch sicher vorstellen, in welche Verlegenheit sich der Mann damit gebracht hat. Als er merkte, dass er bald sterben würde, überlegte er sich, was er tun könnte, um keines seiner drei geliebten Kinder zu enttäuschen. Er wusste nämlich, dass sich alle drei auf sein Versprechen verließen.

Schließlich wusste er sich nicht anders zu helfen: Er gab bei einem Künstler heimlich zwei weitere Ringe in Auftrag. Der Künstler sollte weder Kosten noch Mühen scheuen, um die Ringe genauso aussehen zu lassen wie den des Mannes. Das gelang dem Künstler sogar so gut, dass der Mann selbst seinen eigenen Ring nicht mehr von den beiden anderen unterscheiden konnte. Daraufhin rief er nacheinander seine Kinder zu sich, gab jedem seinen Segen und übergab allen freudig einen der Ringe. Wenig später starb er.

Jedes Kind wollte nun natürlich das Familienoberhaupt sein. Die drei stritten sich und ließen die Ringe untersuchen. Vergeblich – niemand konnte mehr feststellen, welcher Ring der richtige war."

Der weise Nathan machte eine Pause.

„Genauso wenig können wir feststellen, welcher Glaube der richtige ist", sagte er.

Nach Ephraim Lessings Ringparabel aus „Nathan der Weise"

Gespräch

* Was wollte der mächtige Sultan Saladin vom weisen Juden Nathan wissen?
* Wie hat Nathan ihm geantwortet?
* Denkt ihr, Saladin war zufrieden mit der Antwort des Nathan?
* Viele Menschen auf der ganzen Welt glauben an Gott, wenn auch auf unterschiedliche Weise. Was wisst ihr über die verschiedenen Religionen auf der Welt?

Gruppenritual

Meditation

Das Gruppenritual ermöglicht Besinnung und Konzentration auf das Kommende.

Hauptteil

Vertrauensübung und Gespräch

Blind führen
Jedes Kind darf sich einen Partner aussuchen. Die Kinder stellen sich einander gegenüber, einer legt seine Handflächen auf die Handflächen des anderen und schließt die Augen. Er lässt sich nun von seinem Partner ganz behutsam blind durch den Raum führen. Im Raum befinden sich Hindernisse, die umgangen werden sollen. Das Kind, das geführt wird, hat die Aufgabe, die Augen geschlossen zu halten und dem anderen zu vertrauen, dass es von ihm sicher durch den Raum zu seinem Platz zurückgeführt wird. Die Partner sollen nach einer Weile die Rollen tauschen.

Mit den Kindern werden folgende Fragen besprochen:
* Wer konnte seine Augen zulassen?
* Wer hatte Angst?
* Wem hat es gefallen, sich führen zu lassen?

Folgende Inhalte sollen den Kindern bewusst werden:
* Nur wenn ich vertraue, kann ich nachfolgen.
* Obwohl ich selbst manchmal den Weg und das Ziel nicht sehen kann, führt mich jemand.

Alternative zu Vertrauensübung und Gespräch

Geschichte und Gespräch

Gemeinsam mit den Kindern (ggf. in verteilten Rollen) lesen Sie die Fortsetzungsgeschichte von Paula und ihren Erlebnissen mit Gülçin, Matteo und Sven auf der Ferienfreizeit im Familienbuch, Seite 48, 68, 88, 108, 128 und 132.

* Wie hat euch die Geschichte gefallen?
* Welche Religion wird in der Erzählung durch welches Kind vertreten?
* Was denkt ihr, wie geht die Geschichte mit den vier Freunden weiter?
* Hattet ihr auch schon einmal Begegnungen mit Menschen, die einer anderen Religion angehören als wir?

Vertiefendes Gespräch

Auf der Welt gibt es viele Wege zu Gott und jeder, der Gott ernsthaft sucht, glaubt fest daran, dass er auf dem richtigen Weg ist.
Unser Weg zu Gott folgt den Spuren von Jesus Christus. Er ist unser Weg und unsere Wahrheit für unser Leben. Damit wir uns nicht verirren, lassen wir uns von seinem Heiligen Geist führen. Wir können ihn zwar nicht sehen, aber wir können darauf vertrauen, dass er uns sicher führt.

Damit wir uns immer daran erinnern, auf welchem Weg wir sind und wer uns sicher zu Gott führt, haben wir Christen ein gemeinsames Erkennungszeichen. Habt ihr eine Idee, welches Zeichen das sein könnte?
(Kreuzzeichen)
Wir haben es immer bei uns, wisst ihr wie?
Wo habt ihr es schon überall gesehen?

Gemeinsam üben Sie mit den Kindern das Kreuzzeichen – sowohl die Gebetsformel als auch die Handbewegungen:
„Im Namen des Vaters und des Sohnes und des Heiligen Geistes."

Kreativ

Holzkreuze basteln
Gemeinsam mit den Kindern basteln Sie einfache kleine Holzkreuze aus trockenen Ästen und Bast- oder Hanfschnur.

Abschluss

Glaubensbekenntnis

Sie bilden mit der Gruppe stehend einen Kreis, in dessen Mitte die entzündete Gruppenkerze steht. Um die Gruppenkerze herum legen die Kinder ihre gebastelten Holzkreuze ab. Nun leiten Sie über zum Gebet, das Sie gemeinsam mit den Kindern durch das eingeübte Kreuzzeichen eröffnen:

Als Christen glauben wir an den dreieinen Gott, (Kreuzzeichen) den Vater, den Sohn und den Heiligen Geist.

Gemeinsam sprechen Sie mit den Kindern das Glaubensbekenntnis (Familienbuch, Seite 60), indem Sie jeweils eine Zeile vorsagen und die Kinder im Chor nachsprechen.

Segensgeste

Dann reichen sich alle die Hände und Sie sprechen den Segenswunsch:

„Gott segne und beschütze uns und geleite alle Menschen auf ihren unterschiedlichen Wegen zu dir. Amen."

Für zu Hause

Die Kinder dürfen ihre Holzkreuze mit nach Hause nehmen.

8. Raus aus der Sackgasse

Vgl. Familienbuch Seite 64–67

Manchmal kommen wir in eine Situation, die wie eine Sackgasse ist. Gott empfängt uns immer wie ein barmherziger Vater mit offenen Armen, wenn wir umkehren. Wenn wir aufeinander zugehen und uns versöhnen, wenn wir unnötigen Streit vermeiden oder einen Konflikt beenden, geht es uns allen besser. Wir erfahren in unserem Leben, dass wir manchmal scheitern, nicht richtig handeln und schuldig werden. Diese Erfahrung gehört zum Leben. Menschliches Leben ohne Scheitern und Schuldig-Sein gibt es nicht. Mit jemandem über das zu reden, was uns bedrückt, kann uns aus solchen Situationen heraushelfen. Gott bietet uns immer seine Versöhnung an. Deshalb spricht uns der Priester im Sakrament der Versöhnung Gottes Vergebung zu. Diese Freude über einen neuen Anfang können wir feiern.

Zeit	Element	Material
15′	Einstieg	• einige Kärtchen, ca. DIN A6, die laut Anleitung vorbereitet sind
5′	Gruppenritual	• vgl. Tabelle auf Seite 26f.
25′	Hauptteil	• ein Korb mit unterschiedlich großen Steinen • eine (Kinder-)Bibel
15′	Abschluss	• pro Kind eine Kopie des Liedes „Wir reichen uns die Hände" (Kop. 1, Seite 84f.) • Gruppenkerze • Streichhölzer
	Für zu Hause	• pro Kind eine Kopie der „Tora-Rolle" (Kop. 2, Seite 86) auf festem (Karton-)Papier
Merkposten/Notizen/Auswertung		

Einstieg

Das einleitende Spiel verdeutlicht, dass jeder von uns in schwierige Situationen geraten kann, die ausweglos erscheinen.

Spiel

Wie fühlst du dich?

Sie haben auf Kärtchen verschiedene Begriffe gesammelt, die bedrückende und dunkle Stimmungen und Gefühle beschreiben, wie z.B. Zorn, Ärger, Traurigkeit, Unterlegenheit, Verzweiflung usw.

Jeweils ein Kind stellt nun pantomimisch, d.h. ohne zu sprechen, einen der Begriffe dar – nur ihm zeigen Sie das Kärtchen. Die anderen Kinder raten, um welches Gefühl es geht. Wenn der Begriff erraten wurde, stellen alle noch einmal gemeinsam pantomimisch dieses Gefühl dar.

Gruppenritual

Meditation

Das Gruppenritual ermöglicht Besinnung und Konzentration auf das Kommende.

Hauptteil

Text

Jeder von uns hat in seinem Leben schon viele verschiedene Gefühle erlebt: angenehme und weniger angenehme Gefühle. Davon handelt auch die folgende Geschichte, die Sie oder ein Kind vorlesen können:

> DIE BRÜCKE
>
> Max und Peter waren Schüler der dritten Klasse. Sie wohnten einander gegenüber, in derselben Straße einer kleinen Stadt. Früher waren sie dicke Freunde, doch dann war es aus einem unerfindlichen Grund zum Streit gekommen und sie hatten begonnen, einander wie böse Feinde zu hassen.
>
> Lief Max aus dem Gartentor, so schrie er über die Straße: „He, du Dummkopf!" Und er zeigte dem früheren Freund die Faust.
>
> Und Peter gab zurück: „Ja, und was bist du für einer? Ein Blödmann vielleicht? Ein Doofmann!"

Dabei drohte er auch mit der Faust.

Ihre Schulkameraden versuchten mehrmals, die beiden miteinander zu versöhnen, aber alle Mühe war umsonst. Sie waren richtige Dickköpfe. Schließlich fingen sie sogar an, einander mit Schmutzklumpen zu bewerfen.

Einmal regnete es besonders stark. Danach verzogen sich die Wolken, und die Sonne zeigte sich wieder, aber die Straße stand unter Wasser. Wer sie überqueren wollte, tastete mit dem Fuß ängstlich nach der Tiefe des Wassers und wich wieder zurück.

Max trat aus dem Haus, blieb beim Gartentor stehen und schaute mit Vergnügen um sich: Alles war so sauber und frisch nach dem Regen und glänzte in der Sonne. Plötzlich aber verfinsterte sich sein Gesicht. Er sah seinen Feind Peter am jenseitigen Gartentor stehen. Und er sah auch, dass Peter einen großen Stein in der Hand hielt.

„Soso", dachte sich Max, „du willst also einen Stein nach mir werfen. Nun gut, das kann ich auch!" Er lief zurück, suchte und fand einen Ziegel und lief wieder auf die Straße, zur Abwehr bereit.

Doch Peter warf den Stein nicht nach dem Feind. Er kauerte sich an den Straßenrand und legte ihn behutsam ins Wasser. Dann prüfte er mit dem Fuß, ob der Stein nicht wackelte, und verschwand wieder.

Der Stein sah wie eine kleine Insel aus.

„Ach so", sagte sich Max. „Das kann ich auch." Und er legte seinen Ziegel ebenfalls ins Wasser.

Peter schleppte schon einen zweiten Stein herbei. Vorsichtig trat er auf den ersten und senkte den zweiten ins Wasser, in einer Linie mit dem Ziegel seines Feindes.

Dann holte Max drei Ziegelsteine auf einmal. So bauten sie einen Übergang über die Straße. Leute standen zu beiden Seiten: Sie schauten den Knaben zu und warteten. Schließlich blieb nur ein Schritt zwischen dem letzten Ziegel und dem letzten Stein. Die Knaben standen einander gegenüber. Seit langer Zeit blickten sie sich zum ersten Mal wieder in die Augen und Max sagte: „Ich habe eine Schildkröte, sie lebt bei uns im Garten. Willst du sie sehen?"

Gespräch

* Wie haben sich die beiden Jungen gefühlt, als sie zerstritten waren?
* Was hat sich Peter gedacht, als er begann, eine Brücke aus Steinen zu Max zu bauen?

Aufeinander zugehen ist schwer, aber wenn einer den ersten Schritt macht, auf den anderen zugeht und sich beide dann wieder versöhnen, so ist das ein sehr schönes Gefühl. Wenn ich will, dass andere mir verzeihen, muss ich selbst auch bereit sein, anderen Menschen zu verzeihen. Das ist manchmal nicht leicht, aber wenn ich es geschafft habe, macht es mich sehr glücklich.

* Wie fühlten sich Max und Peter, als sie sich dann seit langer Zeit mal wieder gegenüberstanden?
* Wart ihr schon einmal mit jemandem richtig zerstritten? Welche Gefühle hattet ihr dabei?
* Habt ihr euch dann irgendwann wieder versöhnt? Wer hat den Anfang gemacht?

Die Kinder erzählen von eigenen Streit- und Versöhnungserlebnissen.

Kreativ

Brücken bauen

So, wie Max und Peter einen Weg zueinander gefunden haben, legen wir nun auch in der Gruppe einen Weg zueinander. Auch wenn wir gerade keinen Streit haben, drückt dieser Weg unsere Gemeinschaft und unser Zusammenhalten aus.

Alle sitzen im Stuhlkreis. Sie bringen einen Korb mit unterschiedlich großen Steinen mit. Jeweils die beiden Kinder, die sich gegenübersitzen, bauen eine Brücke, die sie zueinanderführt, indem sie Steine von sich aus auf den anderen zu legen. Somit entsteht in der Mitte der Gruppe ein Stern (aus der „Vogel-Perspektive" gesehen).

Das Legen der Steine zueinander muss nicht in derselben Weise geschehen, wie in der Geschichte, die Brücke muss nicht begehbar sein. Es ist möglich, mit Kieselsteinen symbolisch Brücken zueinander zu bauen.

Wenn alle den Weg gelegt haben, legen Sie eine aufgeschlagene (Kinder-)Bibel in die Mitte und erläutern den Kindern in eigenen freien Worten, dass uns das Wort Gottes zum Frieden und zur Versöhnung aufruft. Danach gibt jedes Kind seinen beiden Nachbarn links und rechts die Hände, dann sind alle miteinander verbunden. Die Kinder können sich nun gegenseitig Frieden wünschen, indem sie zueinander sagen: „(Name), ich wünsche dir Frieden im Herzen."

Oder (in Anlehnung an den Friedensgruß in der Eucharistiefeier):

„(Name), der Friede (des Herrn) sei mit dir."

Dann lassen die Kinder die Hände wieder los.

Abschluss

Lied

Ein Kind stellt die Gruppenkerze in die Mitte und entzündet sie.

Gemeinsam singt die Gruppe nun das Lied „Wir reichen uns die Hände" (Kop. 1, Seite 84f.).

Dann wird der Liedruf wiederholt: Diesmal gehen Sie und das Kind, dem Sie gegenüberstehen entlang ihrer Steinbrücke aufeinander zu und reichen sich die Hände, sobald Sie einander in der Kreismitte gegenüberstehen. Erneut wird der Liedruf wiederholt, wieder gehen zwei Kinder aufeinander zu, sie werden in der Mitte in den Kreis von Ihnen und dem ersten Kind hineingenommen. Dies wird so oft wiederholt, bis alle Kinder in der Kreismitte stehen und sich die Hände reichen.

Da die Kinder sich bei diesem Tanz bewegen sollen und dabei keinen Liedzettel in den Händen halten können, ist es wichtig, das kurze Lied vorher einzuüben.

Tanzidee zu „Wir reichen uns die Hände" (Schrittfolge Seite 85)

Wir reichen uns die Hände und keiner steht allein.	Kreis mit Handfassung Hände in Bauchhöhe, zur Mitte hin
Jesus hat uns eingeladen, Gast bei ihm zu sein.	Hände loslassen und Schalen formen Händeschalen hochheben
Wir wünschen uns den Frieden, wir machen uns Mut.	Hände reichen und leicht „schütteln"
Jesus hat uns eingeladen und das tut gut	Kreis mit Handfassung
Schalom Schalom …	mit Handfassung im Kreis schreiten bis zum Ende des Liedes, dann von vorne

Für zu Hause

Jedes Kind erhält eine „Tora-Rolle" (Kop. 2, Seite 86) aus festem Tonkarton.
In die Mitte der Tora-Rolle schreibt jedes Kind das Psalm-Zitat:
„Dein Wort, o Gott, ist eine Leuchte für mein Leben,
es gibt mir Licht für jeden nächsten Schritt."
Nach Psalm 119,105

1 Lied

Wir reichen uns die Hände

2-stimmiger Kanon

Text und Musik: Norbert M. Becker

Schrittfolge zur Tanzidee

Wir reichen uns die Hände

und keiner steht allein.

Jesus hat uns eingeladen

Gast bei ihm zu sein.

Wir wünschen uns den
Frieden, wir machen uns Mut.

Jesus hat uns eingeladen, und das tut gut.

Schalom
Schalom

KOPIERVORLAGE

2 Torarolle

III Mit Jesus Gottes Spuren suchen

Kinder stellen manchmal die Frage: Warum ist denn dieser Jesus so wichtig? Vielleicht ist alles gar nicht wahr! Vielleicht hat er gar nicht gelebt! Was wir von ihm wissen, stammt ja alles von seinen Freunden, und vielleicht haben die alle gelogen! Dass Jesus historisch gelebt hat, wird auch von außerbiblischen, nichtchristlichen Zeugen, wie z.B. dem jüdisch-römischen Schriftsteller Flavius Josephus, in ihren Schriften bezeugt. Dass Jesus von Nazaret ein Mensch mit einer überwältigenden Ausstrahlung und Bedeutung für die Menschen war, die sich auf ihn eingelassen haben, bezeugen tatsächlich solche Schriftsteller, die an ihn glauben: die Evangelisten Markus, Matthäus, Lukas und Johannes. Zudem der Apostel Paulus, der mit dem auferstandenen Christus eine persönliche, ihn völlig verändernde Begegnung gehabt hat. Es ist wichtig, dass Kinder von vorneherein begreifen lernen, dass sie auf glaubwürdige Zeugen angewiesen sind, wenn sie etwas von Jesus wissen und verstehen wollen. Jesus von Nazaret – ein Mensch wie wir, zugleich menschgewordener Sohn Gottes, der aus der Welt Gottes in unsere Welt hineinreicht und damit unsere Welt auf Gott hin öffnet. In Jesus von Nazaret reicht das Licht Gottes hinein in die Dunkelheit und Unsicherheit dieser Welt. Die Kinder werden auf dem Kommunionweg nicht plötzlich in die Beziehung mit Gott hineingestellt. Seit den Anfängen ihrer Existenz ist Gott bereits in ihrem Leben anwesend, leben sie bereits in Beziehung mit Gott. In der Taufe sind die Ihnen anvertrauten Kinder ausdrücklich in die Beziehung mit Jesus Christus und die Gemeinschaft aller Christen hineingestellt worden, sie sind **In Gottes Hand geschrieben**. Im Licht der Taufkerze ist den Kindern zugesagt, dass die Dunkelheit nicht das Letzte ist. Im Wasser ist ihnen verheißen, dass Gott für sie Leben ermöglicht, wie Wasser Leben ermöglicht. Im heiligen Öl der Salbung bei der Taufe ist den Kindern zugesagt: „Du bist wie ein Königskind im Reich Gottes, in seiner neuen Welt." Seit dem Beginn ihres Lebens sind sie daher **Mit Jesus in Kontakt**. Für Jesus von Nazaret sind Kinder wichtig. Er stellt sie den Erwachsenen als Vorbild hin: „Wer sich Gottes neue Welt nicht schenken lässt wie ein Kind, wird niemals hineinkommen" (Markus 10,15). Diese Offenheit, wie Kinder kreuz und quer denken und suchen, nicht von vorneherein die aufgebauten Grenzen akzeptieren, kann helfen, mit Jesus auf die Suche nach Gott im eigenen Leben zu gehen. Diese Art Schatzsuche ist eine wichtige Erfahrung für die Kinder. Sie können sehr wohl zwischen Wertlosem und Wertvollem unterscheiden, und sie können erstaunliche Energie entwickeln, um das, was ihnen wichtig ist, zu erreichen. Im Bild vom Schatz im Acker (Matthäus 13,44-46) drückt sich etwas Wichtiges aus: Dass Gott mit uns ist, können wir uns in unserem Leben bewusst machen und als wertvollen Schatz entdecken: **Reich Gottes – Schatz für uns Menschen**. In den Kindern die Sehnsucht wachzuhalten und zu stärken, dass unsere Welt durch Jesus Christus verbunden ist mit der neuen Welt Gottes, dass Jesus **Unsere Tür zu Gott** ist und sie sich ihm anvertrauen können, ist elementar für den christlichen Glauben. Die Person Jesus Christus ist untrennbar mit der Frohen Botschaft vom Reich Gottes, der neuen Welt Gottes, verbunden. Die Botschaft Jesu Christi an uns Menschen fordert uns in vielfacher Hinsicht radikal auf, unser Leben nicht nur von Gott her zu verstehen, sondern auch so zu leben. Jesus Christus verbindet die Liebe zu Gott untrennbar mit der Menschenliebe. „Was ihr für einen meiner geringsten Brüder oder für eine meiner geringsten Schwestern getan habt, das habt ihr für mich getan" (Matthäus 25,40). Gottesdienst, Dienst für Gott, gibt es nicht ohne den Dienst an den Mitmenschen. Für Kinder und Erwachsene eine aufrüttelnde und gleichermaßen herausfordernde Botschaft. So wie Jesus nicht nur über Gott gesprochen hat, sondern zugleich zu Gott, so ist es wichtig, dass Kinder Gott gegenüber ihre Sehnsüchte, ihre Dankbarkeit, ihre Zweifel und ihre konkreten Anliegen auf der Du-Ebene auszudrücken lernen. Wenn mir jemand wichtig ist, dann bin ich mit ihm in Kontakt und im Gespräch. Ich sage ihm oder ihr, was mir wichtig ist, was mich beschäftigt, belastet und freut. So können Kinder auf ihre Weise, in ihren eigenen Worten lernen, zu Gott zu beten, mit ihm auf Du und Du zu sein. Es ist für Kinder eine oft sehr anrührende Erfahrung, wenn sie begreifen, dass Gott ja immer schon bei ihnen ist. Das biblische Bild, dass wir Menschen eingeschrieben sind in Gottes Hand, ist für viele Kinder tröstend und gibt ihnen Geborgenheit und Sicherheit. Wenn Sie davon ausgehen, dass Kinder sehr viele von außen kommende Eindrücke verarbeiten müssen, dann ist dies ein wesentlicher Ruhepol, dass mit allem, was auf sie einstürmt, eines sich nie ändern wird: Gott liebt sie radikal, sie sind eingeschrieben in seine Hand, und zwar für immer. Niemand wird sie aus dieser tiefsten Geborgenheit und Liebe herausreißen. Auf diesem Weg die Ängste und auch die Zweifel der Kinder wahrzunehmen und sie nicht in eine Lebensidylle zu verweisen, die es nun mal nur selten gibt, ist ein wichtiges Ziel. Die Zusage, in einer persönlichen Beziehung zu Gott zu leben, birgt auch die Aufgabe und Chance, diese Beziehung zu pflegen und zu gestalten. Nur so kann sie bestehen und intensiver wahrgenommen werden.

9. In Gottes Hand geschrieben

Vgl. Familienbuch Seite 72–75

> Gott ist immer für uns da. Er begleitet uns durch unser Leben – durch jedes Jahr, jeden Monat, jeden Tag. Durch die Taufe sind wir Gott ganz besonders nah. Wir sind durch das Sakrament der Taufe in die Gemeinschaft aller Christen aufgenommen.

Zeit	Element	Material
10′	Einstieg	
10′	Alternative zum Einstieg	• giftfreie, wasserlösliche Stifte
5′	Gruppenritual	• vgl. Tabelle auf Seite 26f.
45′	Hauptteil	• ein Papierstreifen, der laut Anleitung vorbereitet ist • ein Plakat DIN A2 • Klebstoff • Fingerfarben oder Wasserfarben
5′	Abschluss	• Gruppenkerze • Streichhölzer • pro Kind eine Kopie des Liedes „Herr, in deinen guten Händen" (Kop. 1, Seite 94)
	Für zu Hause	• Liedblatt: „Herr, in deinen guten Händen" (Kop. 1, Seite 94)
Merkposten/Notizen/Auswertung		

Einstieg

Spiel

Zum Beginn spielt die Gruppe Spiele, bei denen die Hände der einzelnen Mitspieler wichtig sind.

Wer klopft denn da?

Die Mitspieler sitzen im Kreis um einen Tisch oder auf dem Boden. Jeder legt nun seine Hände flach vor sich hin, den Handrücken nach oben gewendet. Dann legt jeder seine rechte Hand von oben zwischen die beiden Hände seines rechten Nachbarn. *Am besten geschieht dies reihum, damit die Kinder nicht so leicht irritiert werden. Schließlich hat jeder Spieler zwischen seinen beiden Händen zwei weitere Hände liegen: die rechte Hand seines linken Nachbarn und die linke Hand seines rechten Nachbarn.*

Ein Mitspieler beginnt, einmal mit der flachen Hand zu klopfen, dann klopft derjenige, dem die Hand rechts neben der, die zuerst geklopft hat, gehört, anschließend ist an der Reihe, dessen Hand wiederum rechts daneben liegt, und so wird das Klopfen einmal im Kreis herumgeschickt. Dann wird dasselbe schneller versucht. Es ist gar nicht so einfach, mit der richtigen Hand zur richtigen Zeit zu klopfen!

Nun wird es schwieriger: Jeder Mitspieler kann die Richtung des Klopfens verändern, indem er sehr schnell aufeinanderfolgend zweimal mit derselben Hand klopft. Auch hier kann das Tempo gesteigert werden.

Noch schwieriger wird das Spiel, wenn derjenige, der beim Klopfen einen Fehler macht, die Hand aus dem Spiel nehmen muss, mit der er den Fehler begangen hat.

Alternative zum Einstieg

Kreativ

Die Kinder schreiben sich mit wasserlöslichen Stiften einen oder mehrere Namen von lieben Menschen in die Handflächen.

Gruppenritual

Meditation

Das Gruppenritual ermöglicht Besinnung und Konzentration auf das Kommende.

Hauptteil

Kreativ

Wörter-Durcheinander

Sie haben den folgenden Satz auf einen Papierstreifen geschrieben und diesen in die einzelnen Wörter zerschnitten. Die Kinder sollen gemeinsam die vermischten Wörter in die richtige Reihenfolge bringen:

Gott / sagt / zu / uns / Menschen: / Ich, / dein / Gott, / vergesse / dich / nicht, / du / bist / unauslöschlich / in / meine / Hand / eingeschrieben!

Sie können den Kindern dieses Rätsel etwas erleichtern, indem Sie entweder die Satzzeichen ebenfalls auf den Papierstreifen aufschreiben oder im Vorfeld bereits mehrere Wörter in sinnvoller Weise zusammenstellen.

Gespräch

Die Kinder lesen den Satz noch einmal. Gemeinsam überlegen Sie nun:

* Was bedeutet es, wenn Gott uns in seine Hand eingeschrieben hat?
* Was bedeutet dieser Satz für uns?

Sie erklären den Kindern: Gott will uns sagen, dass er immer für uns da ist, dass er uns niemals alleine lässt. Wir können uns auf ihn verlassen.

Bibeltext

Ein Kind oder Sie lesen die biblische Geschichte im Familienbuch, Seite 72, vor.

Kreativ

Unsere Hände

Der am Beginn zusammengesetzte Ausspruch wird nun von den Kindern auf ein Plakat geklebt.

Am Rand des Plakats sollten an den Rändern etwa 15 cm frei bleiben, denn dieser Rand wird mit den Handabdrücken der Kinder verziert.

Diese Abdrücke der Hände werden folgendermaßen angefertigt: Die Kinder bemalen eine Hand gleichmäßig mit Fingerfarben oder Wasserfarben aus einem Malkasten und drücken diese dann fest und ohne sie zu verrutschen auf das Papier auf.

Meditation

Hände

Nun bilden Sie einen Kreis. Das Plakat mit dem Satz und den Handabdrücken der Kinder legen Sie in die Mitte.

Jede Hand sieht ein bisschen anders aus. Noch besser kann man dies bei der Betrachtung der „echten" Hände sehen, wenn wir auf die vielen feinen Linien auf der Innenseite der Handflächen achten. Jeweils zwei Kinder sollen ihre Hände miteinander vergleichen: Sind sie gleich groß oder verschieden? Haben sie ähnliche Linien auf der Handfläche oder sind sie sehr unterschiedlich?

Jedes Kind hat andere Hände, eine andere Form der Finger, der Fingernägel.
Die Falten auf der Innenseite der Hände sind bei jedem Menschen unterschiedlich. Wenn man mit Farbe einen Fingerabdruck macht, so sieht das Muster, das dabei herauskommt, bei jedem Menschen der Welt anders aus.

Während die Kinder nun ihre Handinnenflächen betrachten, lesen Sie den folgenden Text vor:

> HÄNDE
> Hände sind sehr verschieden.
> Sie sehen bei jedem Menschen anders aus.
> Jeder Mensch hat seine eigenen, einmaligen Hände.
> Mit den Händen können wir viele verschiedene Dinge tun.
> Wir können mit unseren Händen helfen,
> wenn andere Menschen unsere Hilfe brauchen
> - aber manchmal vergraben wir die Hände tief in den Hosentaschen und helfen nicht.
> Wir können mit unseren Händen trösten und zärtlich sein
> - aber manchmal sind wir grob und verletzen andere Menschen mit unseren
> Händen.
> Wir können mit unseren Händen Dinge teilen
> und anderen Menschen etwas schenken
> - aber manchmal nehmen wir uns selbst viel zu viel, sodass für die anderen nichts mehr bleibt.
> Wir können unsere Hände öffnen und aufeinander zugehen
> - aber manchmal ballen wir die Hände zu Fäusten und wenden uns voneinander ab.
> Wir können uns die Hände reichen und eine Gemeinschaft bilden.
> Gott, unser Vater, ist bei uns.
> Er hat uns alle in seine Hand eingeschrieben.
> Er hält uns und schützt uns.
> Er liebt uns.
> Wir sind alle seine Kinder.

Abschluss

Lied

Ein Kind stellt die Gruppenkerze in die Mitte und entzündet sie. Gemeinsam singt die Gruppe das Lied „Herr, in deinen guten Händen" (Kop. 1, Seite 94), das Sie kopiert und ausgeteilt haben.

Für zu Hause

Die Kinder nehmen eine Kopie des Liedblattes (Kop. 1, Seite 94) mit nach Hause.

1 Lied

Herr, in deinen guten Händen

Text und Musik: Barbara Berger

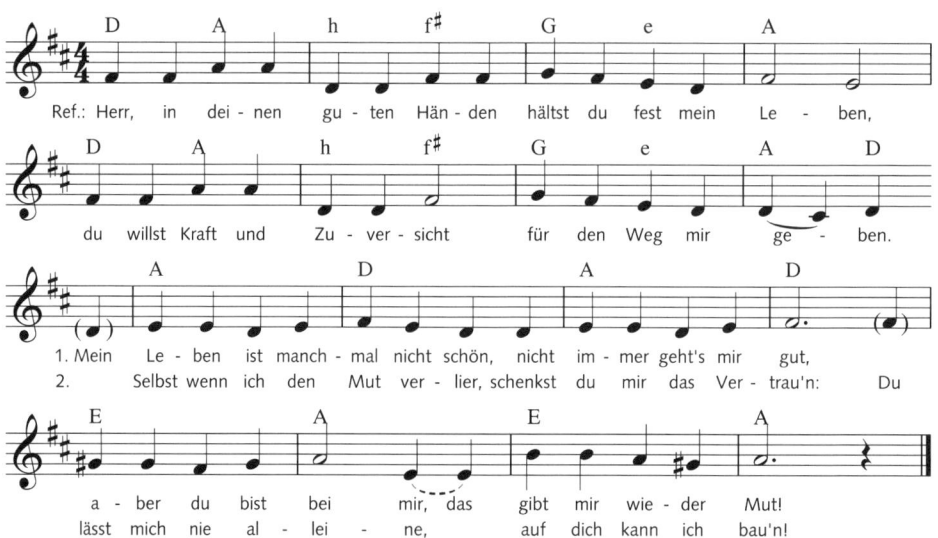

Ref.: Herr, in dei - nen gu - ten Hän - den hältst du fest mein Le - ben,

du willst Kraft und Zu - ver - sicht für den Weg mir ge - ben.

1. Mein Le - ben ist manch - mal nicht schön, nicht im - mer geht's mir gut,
2. Selbst wenn ich den Mut ver - lier, schenkst du mir das Ver - trau'n: Du

a - ber du bist bei mir, das gibt mir wie - der Mut!
lässt mich nie al - lei - ne, auf dich kann ich bau'n!

10. Mit Jesus in Kontakt

Vgl. Familienbuch Seite 76–79

Jesus Christus war ein besonderer Mensch, der auch uns heute viel zu sagen hat. Er hat uns Menschen die Frohe Botschaft von der Liebe Gottes verkündet. Wir glauben, dass Jesus Christus der Sohn Gottes ist und Gott ihn aus dem Tod auferweckt hat.

Zeit	Element	Material
15'	Einstieg	• pro Kind ein DIN-A6-Blatt, das laut Anleitung vorbereitet ist • Stifte
5'	Gruppenritual	• vgl. Tabelle auf Seite 26f.
30'	Hauptteil Jesus-Quiz	• Familienbuch, Seite 79 • einige Bibeln
30' – 45'	Alternative zum Hauptteil	• pro Kind eine Leporello-Kopie (Kop. 1, Seite 98) • einige Bibeln • Farbstifte
5'	Abschluss	• Gruppenkerze • Streichhölzer
	Für zu Hause	• pro Kind eine Leporello-Kopie (Kop. 1, Seite 98)
Merkposten/Notizen/Auswertung		

Einstieg

Zu Beginn spielen Sie mit den Kindern ein Spiel, bei dem es darum geht, miteinander in Kontakt zu kommen. Wenn Kinder gute Kontakte zu Mitmenschen aufbauen können und hier positive soziale Erfahrungen machen, ist das eine wichtige Basis für das Verständnis der christlichen Botschaft.

Spiel

Wer kennt wen?

Zunächst schreibt/malt jedes Kind für sich auf einen Zettel seinen Namen und mindestens 4 bis 5 Eigenschaften/Vorlieben (z.B.: Lieblingsfarbe/-essen/-tier/-schulfach/-geschichte/-buch/-märchen, Hobbys usw.). Anschließend lesen Sie die jeweiligen Zettel vor. Die Gruppe muss erraten, um wen es sich handelt, wobei jedes Gruppenmitglied für sich einen Namen notiert.

Wenn Sie daraus einen Wettbewerb machen wollen: Gewonnen hat, wer die meisten Namen richtig getippt hat.

Gruppenritual

Meditation

Das Gruppenritual ermöglicht Besinnung und Konzentration auf das Kommende.

Hauptteil

Kreativ

Jesus-Quiz
Gemeinsam löst die Gruppe das Jesus-Quiz aus dem Familienbuch, Seite 79.

Alternative zum Hauptteil

Kreativ

Jesu Leben als Leporello (vgl. Kop. 1, Seite 98)
Jedes Kind bekommt eine Leporello-Kopie. Leiten Sie die Kinder dazu an, aus der Kopie ein Leporello zu falzen (Anleitung Seite 99).

Gemeinsam lesen Sie die angegebenen biblischen Geschichten aus der Bibel vor. Als biblische Erzählungen eignen sich z.B.: Die Geburt Jesu: Lukas 2,1-20; Der Sturm auf dem See: Lukas 8,22-25; Jesus und die Kinder: Markus 10,13-16; Die Speisung der Viertausend: Matthäus 15,32-39; Die Heilung des blinden Bartimäus: Markus 10,46-52; Die Tempelreinigung: Lukas 19,45-48.

Jedes Kind wählt sich (aus der Erinnerung) eine oder zwei Stationen aus, die es in seinem Leporello gestaltet. Gemeinsam betrachten sie am Ende die gestalteten Leporellos.

Abschluss

Gebet

Gemeinsam danken
Die Gruppe setzt sich in einen Stuhlkreis. In die Mitte des Kreises stellen Sie die brennende Gruppenkerze. Die Kinder schauen auf die Flamme der Gruppenkerze und werden ruhig.
Sie sprechen das folgende Gebet. Dabei können sich die Kinder die Hände reichen:

> Guter Gott,
> wir danken dir dafür,
> dass du deinen Sohn Jesus Christus zu uns Menschen geschickt hast.
> Viele Menschen haben seine Botschaft damals nicht verstanden,
> und viele Menschen verstehen sie heute noch nicht.
> Wir wollen versuchen, auf das zu hören,
> was du uns sagst
> und was Jesus uns durch sein Leben zeigen will.
> Danke, dass wir Jesus kennenlernen,
> er kann uns durch sein Leben
> so viele wichtige Dinge zeigen.
> Amen.

Im Anschluss an dieses Dankgebet können Sie die Kinder zur Formulierung eines persönlichen Dankgebets anregen:
Was möchtest du Jesus sagen? Wofür möchtest du Jesus danken?
Niemals sollte ein Kind gezwungen werden, ein persönliches Gebet zu formulieren!

Für zu Hause

Jedes Kind erhält ein Jesus-Leporello zum Selbst-Gestalten/-Ergänzen (Kop. 1, Seite 98).

KOPIERVORLAGE

1 Leporello

	Mein Jesus-Buch
2	
	8
3	
	7
4	
	6
5	

KOPIERVORLAGE

Bastelblatt Knickschema zum Leporello

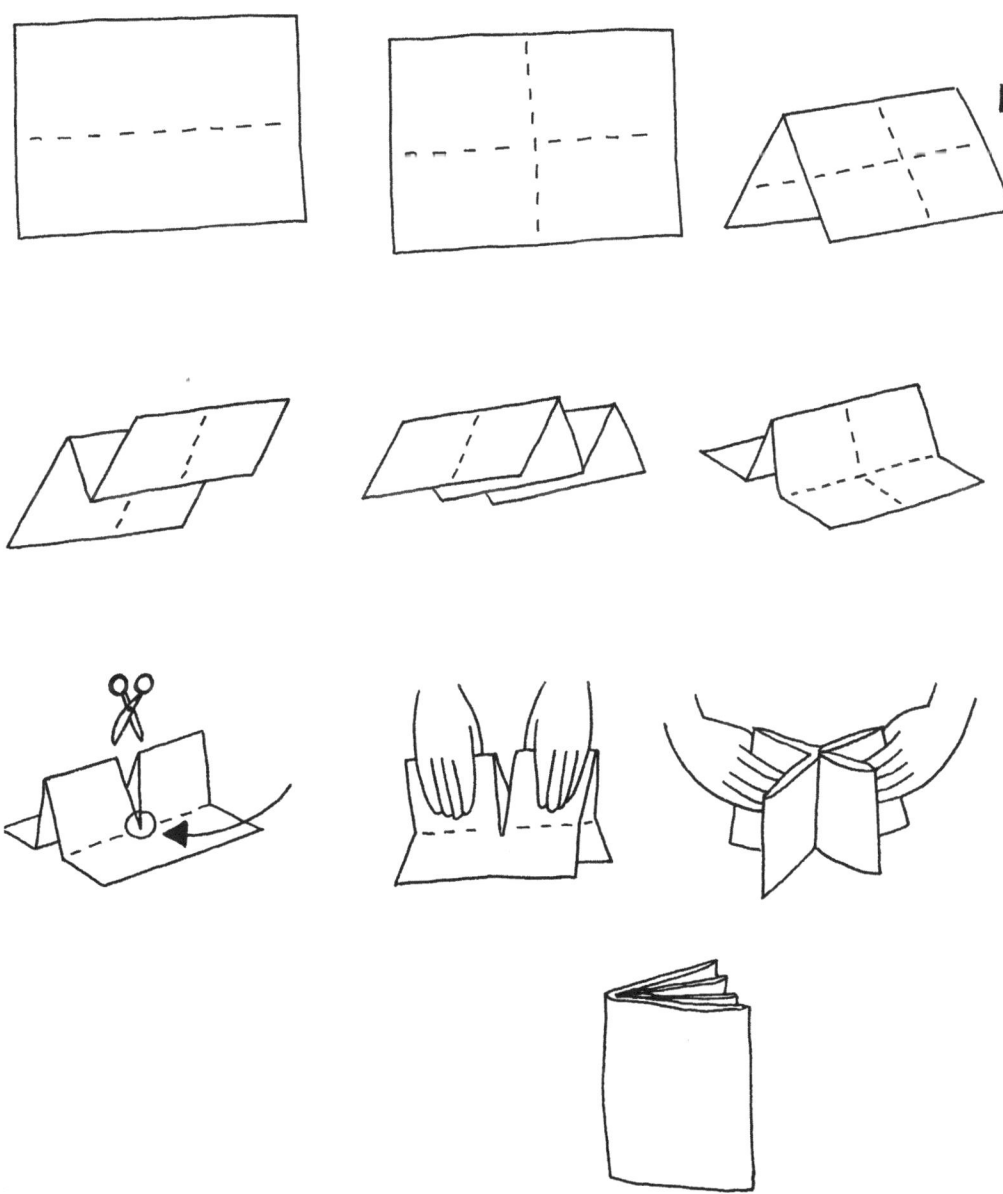

11. Reich Gottes –
Schatz für uns Menschen

Vgl. Familienbuch Seite 80–83

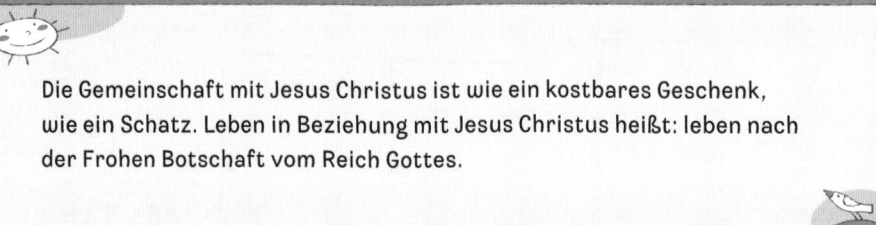

Die Gemeinschaft mit Jesus Christus ist wie ein kostbares Geschenk,
wie ein Schatz. Leben in Beziehung mit Jesus Christus heißt: leben nach
der Frohen Botschaft vom Reich Gottes.

Zeit	Element	Material
	Einstieg	
5'	Gruppenritual	• vgl. Tabelle auf Seite 26f.
45'	Hauptteil	• ca. sieben Füße aus Tonpapier, die laut Anleitung vorbereitet sind • eine Schatzkarte, die laut Anleitung vorbereitet ist • pro Kind ein Goldtaler aus Schokolade, der laut Anleitung mit einer Papierrolle vorbereitet ist • eine (Kinder-)Bibel • eine Schachtel oder eine Kiste oder ein Korb • ein schönes, buntes Tuch • pro Kind ein weißes Blatt (DIN A4) • Farbstifte
45'	Alternative zum Hauptteil (im Freien)	• mehrere Hinweiszettel, die laut Anleitung vorbereitet sind
10'	Abschluss	• Gruppenkerze • Streichhölzer • buntes Blattwachs
	Für zu Hause	• pro Kind ein Gold(schoko)taler und Bibelstelle
Merkposten/Notizen/Auswertung		

Einstieg

Der Einstieg entfällt zugunsten der Schatzsuche.

Gruppenritual

Meditation

Das Gruppenritual ermöglicht Besinnung und Konzentration auf das Kommende.

Hauptteil

Spiel

Schatzsuche im Gruppenraum

Auf den Boden des Gruppenraumes kleben Sie die bereits vorbereiteten Füße aus Tonpapier. Sie haben eine Schatzkarte gezeichnet, worauf genau derselbe Weg mit Füßen gezeichnet ist, welchen die Füße im Raum gehen. Die Schatzsuche beginnt bei jenem Tonpapierfuß, der am weitesten vom Schatz entfernt ist. Neben jedem Fuß auf der Schatzkarte steht eine Anweisung, die die Gruppe gemeinsam erfüllen muss, um sich dem Schatz einen Schritt weiter zu nähern.

Vorschläge für Anweisungen: Das Spiel Gordischer Knoten spielen (vgl. Seite 157); das Lied „Herr, in deinen guten Händen" singen, im Familienbuch, Seite 37; Sie können hier bewusst die Spiele wählen, die den Kindern in den vergangenen Kindertreffen besonders gefallen haben.

Die Anweisung für den letzten Schritt lautet: einander die Hände reichen. So stehen nun alle Kinder mit Ihnen gemeinsam um den Schatz herum, der sich in einer schönen Holztruhe, in einer bunten Schachtel oder in einem Korb befindet. Der Schatz steht auf einem schönen, bunten Tuch.

Die Kinder sollen raten, was sich in der Holztruhe befindet. Nun wird die Schatztruhe geöffnet, in der sich eine Bibel und für jeden ein Schokoladen-Goldtaler befinden. An jedem Goldtaler ist eine kleine Papierrolle befestigt: ein Zettel, auf dem für jedes Kind eine interessante Bibelstelle kopiert ist. Diese Papierröllchen werden später geöffnet.

Vorschläge für zentrale Bibelstellen: Die Schöpfungsgeschichte: Genesis 1,1-2,4; Zachäus: Lukas 19,1-9; Der reiche Mann und der arme Lazarus: Lukas 16,19-31; Jesus, das Licht der Welt: Johannes 8,12; Das verlorene Geldstück: Lukas 15,8-10; Jesus ist der wahre Weinstock: Johannes 15,1-6; Jesus geht über das Wasser: Johannes 6,16-21; Die Hochzeit von Kana: Johannes 2,1-11; Das verlorene Schaf: Lukas 15,1-7; Das Gleichnis von der Aussaat: Matthäus 13,3-9; Senfkorn und Sauerteig: Matthä-

us 13,31-33; *Der versteckte Schatz und die Perle: Matthäus 13,44-46; Das Gleichnis vom Netz: Matthäus 13,47-48*

Alternativ können Sie auch die Bibelstellen des Festtagsgottesdienstes für alle Kinder kopieren. Erkundigen Sie sich diesbezüglich bei Ihrem katechetischen Leitungsteam.

Alternative zum Hauptteil

Spiel

Schatzsuche im Freien

Alle Kinder treffen sich vor dem Gruppenraum. Die Kinder haben die Aufgabe, gemeinsam einen Schatz zu suchen. Sie bekommen von Ihnen einen Zettel, auf dem verschlüsselt steht, wo der nächste Hinweiszettel zu finden ist. Auch auf diesem Hinweiszettel steht wieder verschlüsselt, wo die Kinder weitersuchen müssen. So muss sich die Gruppe vorarbeiten, bis auf dem letzten Zettel verraten wird, wo der Schatz versteckt ist.

Wie bereits erwähnt, werden die Botschaften auf den Hinweiszetteln, die immer verraten, wo die nächste Botschaft zu finden ist, den Kindern nur verschlüsselt mitgeteilt. Ist z.B. der nächste Zettel unter der Fußmatte des Gemeindehauses versteckt, kann die Botschaft lauten:

Vor der Haustür liegt etwas,
es liegt da flach, was ist denn das?
Wollt ihr ins Gemeindehaus geh'n,
könnt ihr das Ding nicht überseh'n!
Geht schnell hin,
hebt das Ding
einmal auf – da liegt ein Zettel,
guckt mal drauf!

Die Hinweise müssen nicht gereimt sein, sie können auch in einfachen Sätzen verraten, wo als Nächstes gesucht werden muss. Die verschlüsselten Hinweise können auch auf die Zettel gezeichnet werden. Bei manchen Stationen kann auf dem jeweiligen Zettel auch eine Anweisung stehen, z.B.: „Pflückt ein paar hübsche Blumen und bringt sie der Apothekerin. Sie wird euch dafür die nächste Botschaft geben."

Oft haben die von Ihnen eingeweihten Erwachsenen großen Spaß, bei einem solchen Spiel der Kinder mitzumachen.

Zuletzt finden die Kinder den Schatz im Gruppenraum. Er befindet sich in einer schönen Holztruhe, in einer bunten Schachtel oder in einem Korb und steht auf einem schönen, bunten Tuch in der Mitte des Raumes.

Die Kinder bilden gemeinsam mit Ihnen einen Kreis um den Schatz. Die Kinder sollen nun raten, was in der Holztruhe wohl drin ist.

Nun wird die Schatztruhe geöffnet, in der sich eine Kinderbibel und für jeden ein Schokoladen-Goldtaler befinden. An jedem Goldtaler ist eine kleine Papierrolle befestigt: ein Zettel, auf dem für jedes Kind eine interessante Bibelstelle kopiert ist. Ein Schatz, den die Kinder später mit nach Hause nehmen können.
Vorschläge für die Bibelstellen (siehe Seite 101).

Gespräch

* Was ist das für ein Buch?
* Was ist nun der Schatz? Worin besteht er, in den Goldtalern oder in der Bibel?

Wer nur schnell hinsieht, könnte meinen, die Goldtaler wären der Schatz, so schön, wie sie glitzern. Aber die Bibel ist für uns Menschen ein weitaus größerer Schatz. Wir haben die Frohe Botschaft Jesu, die Bibel, jetzt in unserer Mitte. Auch in unserem Alltag, in schwierigen Situationen und an besonders schönen Tagen ist Jesus in unserer Mitte.

Kreativ

Bibelbilder
Jedes Kind öffnet jetzt sein Papierröllchen und hat Zeit, seine Bibelstelle in Ruhe durchzulesen, sie wie einen Schatz wahrzunehmen und dann auf ein Blatt Papier zu malen. Wenn die Bilder alle fertiggestellt sind, darf jedes Kind sein Bild auf oder um die Schatztruhe, in der die Kinderbibel liegt, legen.
Sie haben gemeinsam diesen Schatz, das Evangelium, entdeckt. Evangelium heißt übersetzt: „Frohe Botschaft". Die Frohe Botschaft von Gott ist für uns Menschen ein sehr großer Schatz.

Abschluss
Gebet

Ein Kind stellt die Gruppenkerze in die Mitte. Die Gruppenkerze wird mit einer kleinen Schatztruhe oder einer kleinen Bibel aus Wachs verziert. Dann wird sie angezündet und zur Bibel gestellt. Die Kinder reichen sich die Hände und stellen sich in einem Kreis um den Schatz herum, mit ihrer Gruppenkerze in der Mitte. In die Stille hinein sprechen Sie folgendes Gebet:

Guter Gott,
du bist immer bei uns Menschen.
Du machst uns Mut.
Du hast uns in den Evangelien,
der Frohen Botschaft,
ein Mut-mach-Buch an die Hand gegeben.
Hilf uns,
dass wir uns ermutigen lassen,
deine Zusagen annehmen
und auf dich vertrauen.
Hilf uns,
dass wir auch anderen Menschen Mut machen,
wenn sie entmutigt sind.
Amen.

Anregung
Sie können den Text für die Kinder am Stück vorlesen. Sie können aber auch Zeile für Zeile vorlesen und die Kinder nachsprechen lassen. Dadurch werden die Kinder von Zuhörern zu Mitgestaltern und erleben das Gebet intensiver.

 ## Für zu Hause

Jedes Kind nimmt seinen Gold(schoko)taler und seine Bibelstelle mit nach Hause.

12. Unsere Tür zu Gott

Vgl. Familienbuch Seite 84–87

In der Begegnung mit anderen Menschen und mit der Welt können wir
Spuren Gottes entdecken. Wir können unsere Augen, unsere Ohren und
unser Herz öffnen für Gottes Gegenwart. Wir können mit Gott sprechen,
z.B. im Vaterunser. Wir können ihn bitten, ihm klagen, ihn loben, ihm
danken. Denn: Gott liebt uns wie eine unendlich gute Mutter und ein
unendlich guter Vater.

Zeit	Element	Material
10′	Einstieg	
5′	Gruppenritual	• vgl. Tabelle auf Seite 26f.
45′	Hauptteil	• Öffnung der Kirche abklären • pro Kind eine kleine Kerze mit Ständer • Streichhölzer • Familienbuch
5′	Abschluss	• pro Kind eine Kopie des Vaterunsers (Kop. 1, Seite 109 und Kop. 2, Seite 110) • Gruppenkerze • Streichhölzer
	Für zu Hause	• pro Kind eine Kopie des Vaterunsers (Kop. 1, Seite 109)
Merkposten/Notizen/Auswertung		

Bitte beachten Sie:
Diese Gruppenstunde findet überwiegend im Kirchenraum statt.

Einstieg (Beginn im Gruppenraum)

Gespräch

In den vergangenen Gruppenstunden haben wir uns getroffen und sind einander intensiv begegnet, wir sind miteinander in Kontakt gekommen. Auch im Alltag begegnen wir anderen Menschen. Diese Begegnungen können sehr unterschiedlich sein: Es gibt angenehme Begegnungen, es gibt unangenehme Begegnungen.

* Welche Beispiele für angenehme Begegnungen kennen wir?
* Welche Beispiele für unangenehme Begegnungen fallen uns ein?
* Mit anderen Menschen kommen wir auf unterschiedliche Weise in Kontakt, aber wie ist das mit Gott?
* Wie kommen wir mit Gott in Kontakt?
* Wie gelingt uns dies am besten?

Ein besonderer Ort, um mit Gott in Kontakt zu treten, ist die Kirche. Gemeinsam als Gemeinde können wir in der Kirche Gott loben, danken, ihn bitten und ihm klagen. Manche Menschen können in der Kirche, im Haus Gottes, am besten mit ihm sprechen und zu ihm beten.

* Welche Kirchen kennen die Kinder?
* Welche Kirchen-Erfahrungen haben die einzelnen Kinder?

Im Anschluss an das Gespräch gehen Sie gemeinsam in die Kirche.

Alternative zum Einstieg (Beginn vor der Kirche)

Kirchenknigge

Gemeinsam geht die Gruppe zur Kirche. Auf dem Kirchplatz/im Vorraum der Kirche sammelt sich die Gruppe. Sie erläutern kurz gängige Verhaltensregeln in einer Kirche: Hier in der Kirche sind wir zu Gast. Es ist ein Gotteshaus. Menschen haben es gebaut, die Kirchengemeinde verwaltet das Haus – aber Gott selbst lädt uns ein, seine Gäste zu sein. Wenn ihr zu Gast seid, bei Oma und Opa, bei Verwandten oder Freunden, wie begrüßt ihr euch? (Umarmung, Handschlag, Begrüßung) Hier in der Kirche sind wir sozusagen Gast bei Gott und auch ihn können wir begrüßen. (Zusammen mit den Kindern bekreuzigen Sie sich mit dem Weihwasser.) Wenn ihr dann als Gast die Wohnung betretet, wie verhaltet ihr euch? Springt ihr über Sessel und Tische und macht alle Schränke auf? Nein, natürlich nicht, ihr wartet, was der Gastgeber sagt und macht. Und hier im Haus Gottes ist es ähnlich, wir rennen nicht und schreien nicht, sondern verhalten uns wie Eingeladene. (Durchschreiten Sie langsam mit der Gruppe den Kirchenraum.)

Gruppenritual

Meditation

Das Gruppenritual ermöglicht Besinnung und Konzentration auf das Kommende.

Hauptteil

Kirchenraumerfahrung

Gemeinsam geht die Gruppe in die Kirche. Die Gruppe setzt sich in eine Bank. Sie geben jedem Kind eine kleine Kerze und entzünden sie. Jedes Kind stellt sein Licht vor sich auf die Kirchenbank. Die Kinder versuchen, ganz ruhig zu werden und die Stille in der Kirche zu hören.

* Was hört ihr?
* Welche Geräusche gibt es in der Kirche?
* Könnt ihr das Knistern der kleinen Flammen unserer Kerzen hören?
* Könnt ihr euer eigenes Herz pochen hören?

Gemeinsam singt die Gruppe nun Lieder aus dem Familienbuch oder dem Gesangbuch der Gemeinde. Die Kinder können jene Lieder vorschlagen, die ihnen am besten gefallen.

Dann gehen die Kinder mit Ihnen zum Altar (Kniebeuge üben) und stellen sich im Kreis auf.

Sie erklären: Es gibt verschiedene Gebete, manche fallen den Menschen ein, während sie beten. Andere sind bereits formuliert und haben immer den gleichen Text. Manche Gebete werden jeden Sonntag von der Gemeinde in der Kirche gebetet. Ein solches Gebet ist das Vaterunser. Es ist ein besonderes Gebet, denn Jesus selbst hat seinen Jüngern und somit auch uns dieses Gebet nahe gebracht, wie wir zu Gott sprechen können.

Abschluss

Gebet

Das Vaterunser (Kop. 1, Seite 109) können Sie kopieren und an die Kinder austeilen. Die Bewegungen (Kop. 2, Seite 110) können Sie gemeinsam zum Vaterunser einüben.

Alternativ zum Abschluss

Gebet

Die Gruppe setzt sich um die brennende Gruppenkerze herum.
Sie versuchen gemeinsam zu Gott zu beten. Damit es den Kindern leichter fällt, ihre Gedanken, Wünsche und Bitten selbstständig und frei zu äußern, können Sie folgende Anstöße geben:

* Wir danken Gott, für unsere Gruppe, die Mitmenschen usw.
* Wir bitten Gott, dass uns der Umgang mit unseren Mitmenschen gut gelingt.

Die Gruppe kann Gott um den Segen für alle Menschen und das gemeinsame Zusammenleben bitten.
Zum Abschluss singt oder betet die Gruppe nochmals gemeinsam das Vaterunser.

Für zu Hause

Jedes Kind erhält eine Kopie des Vaterunsers (Kop. 2, Seite 110).

1 Gebet
Vaterunser

Vater unser im Himmel,

geheiligt werde dein Name!

Dein Reich komme, dein Wille geschehe.

Wie im Himmel, so auch auf Erden.

Unser tägliches Brot gib uns heute,

und vergib uns unsere Schuld,

wie auch wir vergeben unseren Schuldigern.

Und führ uns nicht in Versuchung,

sondern erlöse uns von dem Bösen.

Denn dein ist das Reich und die Kraft

und die Herrlichkeit in Ewigkeit. Amen.

2 Gebet mit Bewegung

Vaterunser

Vater unser im Himmel,
geheiligt werde dein Name.

Dein Reich komme,
dein Wille geschehe.

Wie im Himmel
so auf Erden.

Unser tägliches Brot
gib uns heute.

Und vergib uns unsere Schuld,

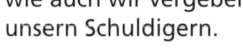

wie auch wir vergeben
unsern Schuldigern.

Und führe uns
nicht in Versuchung,

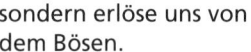

sondern erlöse uns von
dem Bösen.

Denn dein ist das Reich
und die Kraft

und die Herrlichkeit
in Ewigkeit. Amen

IV In Brot und Wein mit Gott verbunden

Jesus von Nazaret hat immer wieder mit Menschen Mahl gehalten: mit seinen Jüngerinnen und Jüngern, mit Frauen und Männern, mit Armen und Reichen, mit Frommen und Sündern. Für Jesus war das gemeinsame Essen und Trinken, die Gemeinschaft im Mahl, ein wichtiges Zeichen: ein Zeichen für die Gemeinschaft mit Gott und ein Zeichen für die versöhnte Gemeinschaft aller Menschen in der neuen Welt Gottes. Der Kommunionweg ist ein Prozess, bei dem die Kinder und ihre Eltern die Gemeinschaft mit Gott in der Feier der Eucharistie wahrnehmen und deuten sollen. Es geht darum, mit den Kindern und Eltern zu lernen, dass wir Menschen heute in der Feier der Eucharistie ebenfalls zum Mahl mit Jesus geladen sind. Dieses Mahl vollzieht sich in den Symbolen von Brot und Wein. Auch uns Menschen heute nimmt dieses Mahl hinein in die Gemeinschaft mit Gott. Viele Kinder haben es heute schwer, wahrzunehmen, zu verstehen und zu genießen, was gemeinsames Essen und Trinken meint. Für viele Kinder sieht die Alltagsrealität so aus, dass sie alleine essen müssen. Aufgrund der gesellschaftlichen Entwicklungen ist es in vielen Familien nicht möglich, wenigstens einmal am Tag gemeinsam zu essen. In manchen Familien ist es vielleicht einfach eine unreflektierte Gewohnheit, dass sich jeder selbst aus dem Kühlschrank etwas zum Essen holt, wenn er Hunger hat. In anderen Familien mag es das unverrückbare Diktat von Arbeitszeit und Schulalltag sein, das gemeinsame Mahlzeiten nur am Wochenende ermöglicht. Es ist deshalb sinnvoll und hilfreich, mit Kindern über die alltäglichen Essgewohnheiten zu sprechen. In

einem weiterführenden Schritt kann mit den Kindern darüber nachgedacht werden, was gemeinsames Essen und Trinken eigentlich bedeutet. Dass Jesus im Mahl der Eucharistie die Menschen in die Beziehung und Gemeinschaft mit ihm selbst einlädt, ist für Kinder schwer zu begreifen, die Gemeinschaft beim Essen kaum erleben. Deswegen ist es notwendig, in der Kindergruppe immer wieder mit den Kindern einzuüben, wie es ist, gemeinsam das Brot zu teilen, weiterzureichen und gemeinsam zu essen. Die Gemeinschaft, die durch das gemeinsame Teilen und Essen von Brot und Wein entsteht, ist eben nicht mit Worten zu vermitteln: **Essen und Trinken hält uns am Leben**.

Die Gemeinschaft mit Jesus drückt sich in der Feier der Eucharistie auch darin aus, dass wir hören, was er uns im Evangelium sagt. Die Gemeinschaft mit ihm wird aber sichtbar in der Versammlung der Menschen, die miteinander feiern: Die ganze Gemeinde versammelt sich als Gemeinschaft der Jünger Jesu: **Jesus lädt alle ein**. Manchmal fragen Kinder, wie sie denn Jesus sehen können. Es ist ihnen meist einsichtig, dass wir Gott nicht sehen, ihn aber im eucharistischen Brot ganz nahe spüren können. Die Geste, dass das Brot geteilt und gegessen wird, ist in der Feier der Eucharistie das zentrale Symbol der Gemeinschaft mit Jesus. Wir teilen Brot und Wein – so wie es Jesus getan hat. Wir **Tun, was Jesus getan hat**, sprechen den Lobpreis und den Segen über Brot und Wein sowie die Worte Jesu, die uns im Evangelium überliefert sind. In diesem Tun geschieht Gegenwart Jesu Christi in der konkreten Gemeinde – in diesem Tun, in diesen Worten und schließlich im Essen und Trinken von Brot und Wein. Wenn Katholiken sagen, in der Feier der Eucharistie gehe es um die **Wandlung**, so meinen sie oft nicht die **Verwandlung** ihres **Lebens**. Aber genau darum geht es. Durch das Essen und Trinken von Brot und Wein, die für Jesus selbst stehen, geschieht Verwandlung für das eigene Leben und für das Leben in der Gemeinschaft durch Gott selbst; es geschieht Wandlung und Verwandlung unseres Lebens. Wenn wir die Kommunion mit Jesus feiern und daraus leben, dann meint dies auch, dass wir uns persönlich wandeln und verwandeln lassen. Diese Wandlung ist nichts Magisches, sondern bedeutet z.B., mehr Versöhnung als Streit zu suchen, mehr Hingabe als Egoismus zu leben, mehr Solidarität als Eigensinn zu verwirklichen, mehr Gebet als oberflächliche Ablenkung zu suchen, mehr Ehrfurcht vor der Umwelt als deren Zerstörung zu praktizieren und vor allem, sich in die Gemeinschaft mit Gott retten zu lassen. Mit Kindern können Sie immer wieder solche Beispiele der heilenden Verwandlung des Lebens suchen. Oft sind Kinder fantasievoller und konsequenter als wir Erwachsene. Die wichtigen theologischen Deutungen der Eucharistie fassen folgende Begriffe zusammen: Lobpreis und Dank, Erinnerung, Hingabe, Mahl, Reich Gottes. Wenn Sie in den einzelnen Begegnungen mit den Kindern darauf den Schwerpunkt legen, erschließen Sie ihnen den innersten Kern von Eucharistie.

Lobpreis und Dank

Es ist nicht selbstverständlich, dass wir ins Leben gekommen sind, und es ist nicht selbstverständlich, dass wir leben können. Der Lobpreis bezieht sich auf den Schöpfer, von dem wir herkommen, der uns im Leben begleitet und der uns Zukunft gibt. Es ist der Lobpreis darauf, dass Gott unsere Herkunft ist. Es ist der Lobpreis darauf, dass er uns in unserem Leben nahe kommt in Jesus Christus,

der mit uns das Brot bricht und den Kelch teilt. Es ist der Lobpreis auf den Geist Gottes, der auf die Gaben von Brot und Wein herabgerufen wird und der uns in unserer Lebensgeschichte begleitet. Wir danken Gott für sein Handeln in der Geschichte mit seinem Volk, insbesondere danken wir für das Leben, Sterben und die Auferweckung seines Sohnes Jesus Christus. Wir verdanken unser Leben jemandem, denn wir haben uns nicht selbst ins Leben gebracht. Kein Mensch kann sich selbst ins Leben bringen. Von daher gesehen gehören Verdankt-Sein und Danken so intensiv und grundlegend zu unserem Leben, dass es sinnvoll ist, diesen Dank immer wieder auszusprechen und sich selbst bewusst zu werden, wie es um uns steht, dass wir von Gott unbedingt erwünscht sind und hineingenommen in die Communio Gottes. Der Dank bezieht sich aber nicht nur auf diese ganz großen und weit umfassenden Dimensionen. Er schließt auch all die „Selbstverständlichkeiten" unseres Lebens im Alltag ein. Das Geheimnis des Lebens ist, dass diese vermeintlichen Selbstverständlichkeiten Grund zur Dankbarkeit sind – gesund sein, glücklich sein, zufrieden sein, Gemeinschaft und Freundschaft mit anderen Menschen, Vergebung erfahren usw.

Erinnerung

Die Feier der Eucharistie lebt aus der Erinnerung. Sie ruft uns die Person und das Leben Jesu von Nazaret in Erinnerung. Seine Botschaft, sein Handeln, seine Liebe bis in den Tod, seine Gottesbeziehung werden in dieser Feier verkündet. Diese Verkündigung besteht aus Worten und Zeichen. Diese intensive Erinnerung bleibt aber nicht in der Vergangenheit stehen, sondern sie holt das Leben, den Tod und die Auferweckung Jesu Christi in die Gegenwart herein, macht sie aktuell und gegenwärtig. In dieser so dichten Erinnerung bleibt für die Menschen spürbar, dass Jesu Geist lebendig ist, dass Jesus im Geist unter den Feiernden anwesend und gegenwärtig ist. Schon seit den frühesten Zeiten der Kirche haben sich die Christinnen und Christen zu dieser Feier versammelt. Diese Feier versteht sich als Erfüllung dessen, was Jesus seinen Jüngern aufgetragen hat: „Tut das, damit unter euch gegenwärtig ist, was ich für euch getan habe" (nach 1. Korintherbrief 11,25f.).

Hingabe

Dass Gottes Sohn sich opfern musste, damit Gott den Menschen wieder gut sein konnte, ist eine irreführende, verzerrte Interpretation dessen, was mit Hingabe gemeint ist. Es ist vielmehr so, dass Jesus Christus seine Botschaft vom Reich Gottes, seine Treue und Liebe zu Gott und den Menschen bis in den Tod und durch den Tod hindurch trägt und sich damit den Menschen damals wie heute aus Liebe und in Freiheit hingegeben hat. Hingabe meint also etwas grundsätzlich anderes und viel Bedeutenderes als das Wort Opfer. Jesus von Nazaret musste nicht sterben, weil Gott es so wollte. Jesus von Nazaret starb am Kreuz, weil Menschen seine Botschaft nicht verstehen konnten oder wollten. Gott aber hat den Menschensohn aus dem Tod gerettet und auferweckt. Dadurch besiegelte Gott seine Treue und Liebe zu seinem in Jesus Christus Mensch gewordenen Wort. Liebe und Hingabe sind die zwei Begriffe, die das ganze Leben und Sterben Jesu, seine Botschaft und sein Handeln zusammenfassen. Die Feier der Eucharistie ruft uns diese Hingabe aus Liebe in Erinnerung, macht sie uns gegenwärtig. Gleichzeitig bewirkt sie die Verwandlung unter uns, dass wir selbst zu einem Leben und Handeln aus Liebe befähigt werden. Die Erzählung von der Fußwaschung erschließt uns diesen Zusammenhang (Johannes 13,12-15):

Nachdem Jesus ihnen die Füße gewaschen hatte, zog er sein Oberkleid wieder an und kehrte zu seinem Platz am Tisch zurück. „Begreift ihr, was ich eben getan habe?", fragte er sie. „Ihr nennt mich Lehrer und Herr. Ihr habt recht, das bin ich. Ich bin euer Herr und Lehrer, und doch habe ich euch soeben die Füße gewaschen. So sollt auch ihr euch gegenseitig die Füße waschen. Ich habe euch ein Beispiel gegeben, damit auch ihr so handelt, wie ich an euch gehandelt habe."

Mahl

Im gemeinsamen Mahl drückt sich bei Jesus grundlegend Gottesbeziehung aus. Nichts macht so deutlich, dass wir nicht aus uns selbst heraus leben können, wie ein gemeinsames Mahl. Wir Menschen brauchen Nahrung und Gemeinschaft, um leben zu können. Ohne Nahrung und ohne Gemeinschaft geht der Mensch ein – physisch oder psychisch. Der tiefste Grund allen Lebens ist für den Gläubigen aber der Schöpfer des Lebens selbst: Gott ist es, der Leben schenkt, ermöglicht und erhält. Essen und Trinken hält uns am Leben – Kinder können das manchmal besser verstehen als Erwachsene, weil ihnen die Erfahrung gegenwärtig ist, nach ausgelassenem Spiel großen Hunger und Durst zu haben. Bei diesem gemeinsamen Essen und Trinken bleibt bei Jesus keiner draußen. Auch diejenigen, die von der Gesellschaft abgeschrieben sind, die sich von Gott und der Gemeinschaft entfernt haben, sind trotz allem eingeladen. So manches Mahl bei Jesus war ein Neuanfang für Menschen, die ohne Chance waren (vgl. z.B. Matthäus 9,9-13; Markus 2,13-17; Lukas 5,27-32). Im Teilen des Brotes geschieht Gemeinschaft und drückt sich die Hingabe Jesu aus. Jesu Botschaft bekommt grundlegende, lebendige Bedeutung: Gott ist unter uns. Das Reich Gottes ist bereits angebrochen. In der Feier der Eucharistie entsteht eine Gemeinschaft unter Menschen, die vorher nichts miteinander zu tun hatten. Dieses Mahl ist ein Symbol für die ewige Gemeinschaft mit Gott. Jeder Einzelne von uns, der sich jetzt vielleicht von Gott wegbewegt, kann sich wieder in die intensive Gottesbegegnung hineinholen lassen. Diese ist Geborgenheit und Trost, Leid und Tod in einem. Sie ist letztlich aber auch die Vollendung und Überwindung von beidem.

Reich Gottes

Charakteristisch für die Einladung Jesu Christi zum gemeinsamen Mahl war die Offenheit gegenüber allen Menschen. Alle Menschen sind eingeladen zu seinem Mahl, auch die Ausgestoßenen und Armen, denn das gemeinsame Mahl auf Erden verweist auf das „Freudenmahl in Gottes neuer Welt". In seiner Botschaft vom Reich Gottes, von der neuen Welt Gottes, hat Jesus ebenso das Bild von einem Fest und Hochzeitsmahl gebraucht (Lukas 13,29;14,15-24). Dieses Bild drückt die vollkommene Gemeinschaft mit Gott aus. Es lässt die Menschen etwas erahnen von der Freude, dem Frieden und der Fülle des Lebens bei Gott, das unser Vorstellungsvermögen übersteigt. Dieses Bild darf allerdings nicht mit den Fantasien eines Schlaraffenlandes verwechselt werden. Gerade im Hinblick auf die Kinder ist darauf zu achten, dass dieses Bild sich nicht verzerrt. Bereits der Apostel Paulus warnt vor diesem Missverständnis: „Denn wo Gott seine Herrschaft aufrichtet, geht es nicht um Essen und Trinken, sondern um ein Leben unter der rettenden Treue Gottes und in Frieden und Freude, wie es der Heilige Geist schenkt" (Römerbrief 14,17).

Die Feier der Eucharistie weiß sich diesem Bild des Mahles im Reich Gottes verpflichtet. Sie hält rückblickend die Mahlfeiern Jesu lebendig und setzt sie gegenwärtig. Im Blick auf die Zukunft und das Ende der Schöpfung steht sie als Garantie und Hoffnungszeichen für die Vollendung der Schöpfung durch Gottes Handeln: Sie ist das Unterpfand dieser Erlösung.

Vor aller Kenntnis der Einzelheiten einer Eucharistietheologie geht es in einer kindgerechten Hinführung zu diesem Sakrament darum, dass die Kinder erfahren, dass sie an diesen „Tisch des Herrn" jederzeit eingeladen sind – und zwar so, wie sie sind. Um es mit den Worten des Theologen Paul Michael Zulehner zu sagen: „Vor aller Leistung und trotz aller Schuld".

13. Essen und Trinken hält uns am Leben

Vgl. Familienbuch Seite 92–95

Zum Leben brauchen wir nicht nur Nahrung, sondern auch Liebe und Gemeinschaft. Wenn wir uns vor dem Essen die Hände reichen, drücken wir Gemeinschaft untereinander und mit Gott aus. Gemeinsames Essen und Trinken ist mehr, als nur Hunger und Durst zu stillen. Bei Jesus ist ein gemeinsames Mahl Zeichen von Nähe und Verbundenheit.

Zeit	Element	Material
10′	Einstieg	• verschiedene Lebensmittel, die laut Anleitung vorbereitet sind • ein Tuch zum Augenverbinden
5′	Gruppenritual	• vgl. Tabelle auf Seite 26f.
45′	Hauptteil	• ein Plakat DIN A2, das laut Anleitung vorbereitet ist • Farbstifte oder Faserschreiber • pro Kind eine Kopie der Vorlage (Kop. 1, Seite 118) auf Tonkarton oder festem Papier • pro Kind eine Schere • Klebstoff
10′	Abschluss	• Gruppenkerze • Streichhölzer • braunes Blattwachs • pro Kind eine Kopie des Liedes „Kommunion heißt: Wir feiern Gemeinschaft" (Kop. 3, Seite 120)
	Für zu Hause	• Gebetsleporello (Kop. 2, Seite 119)
Merkposten/Notizen/Auswertung		

Einstieg

Spiel

Zu Beginn dieses Kindertreffens spielen Sie mit Ihrer Gruppe ein Spiel, das Essen und Trinken in den Mittelpunkt stellt.

Zungenrätsel

Sie haben auf einer Platte verschiedene Lebensmittel in kleinen Stückchen angerichtet: Gemüse, Brot, Kekse, Süßes, Wurst, Käse usw. Nun werden einem Kind die Augen verbunden und es bekommt von Ihnen ein Stückchen Essen in den Mund. Das Kind rät, was es gerade isst.

Achtung: Bitte fragen Sie in jedem Fall vor Beginn des Spiels, ob ein Kind gegen bestimmte Nahrungsmittel allergisch ist!
Schwierig wird das Spiel, wenn die Kinder vorher nicht gesehen haben, welche Lebensmittel auf der Platte zur Auswahl stehen, oder wenn sich das Ratespiel innerhalb einer Lebensmittelgruppe abspielt, wenn es also darum geht, verschiedene Brotsorten oder Joghurtsorten usw. zu erraten.

Gruppenritual

Meditation

Das Gruppenritual ermöglicht Besinnung und Konzentration auf das Kommende.

Hauptteil

Kreativ

Kreuzwörter

Auf einem Plakat, das in die Mitte des Kreises gelegt wird, steht „Was ich am liebsten esse". In Form eines Kreuzworträtsels schreiben die Kinder nun ihre Lieblingsspeisen dazu.
Dies kann so lange dauern, bis den Kindern nichts mehr einfällt oder kein Platz mehr auf dem Plakat ist.

Gespräch

* Wie essen wir zu Hause?
* Worüber reden wir während des Essens?
* Ist das Essen am Wochenende anders als während der Woche?

Jedes Kind kann nun seine Erfahrungen aus der eigenen Familie erzählen und hören, wie in den anderen Familien gegessen wird.

Kreativ

Gebetsleporello

Um das Beten zu Hause anzuregen, falzen und gestalten Sie mit den Kindern jeweils ein Gebetsleporello, das die Kinder nach dem Kindertreffen mit nach Hause nehmen können.

Kopieren Sie die Vorlage (Kop. 1, Seite 118) zuerst einmal und beschriften Sie dann jedes Feld mit einem Gebet. Sie können eigene Gebete, Gebete aus Gebetbüchern oder aus dem Familienbuch dazu verwenden. Die Kinder schneiden die Vorlage entlang der Außenlinie aus, falten das Knickleporello nach Anleitung (vgl. Seite 99) und gestalten es nach ihren Vorstellungen.

Beim Kopieren sollten Sie die Vorlage vergrößern, sodass das gesamte Leporello größer wird.

Abschluss

Die Gruppe sammelt sich im Kreis. Ein Kind stellt die Gruppenkerze in die Mitte und entzündet sie. Nach einer angemessenen Zeit des Ruhigwerdens und der Sammlung singt die Gruppe gemeinsam das Lied „Kommunion heißt: Wir feiern Gemeinschaft" (Kop. 3, Seite 120).

Für zu Hause

Jedes Kind erhält ein vollständiges Gebetsleporello als Kopie (Kop. 2, Seite 119) mit nach Hause.

KOPIERVORLAGE

1 Kreativ
Gebetsleporello

<table>
<tr><td></td><td>Unser Familien-
gebetbuch</td></tr>
<tr><td>2</td><td>8</td></tr>
<tr><td>3</td><td>7</td></tr>
<tr><td>4</td><td>9</td></tr>
<tr><td>5</td><td></td></tr>
</table>

2 Kreativ
Gebetsleporello - Vorlage

Unser Familien-Gebetbuch

2 Vaterunser

Vater unser im Himmel,
geheiligt werde dein Name!
Dein Reich komme, dein Wille
geschehe.
Wie im Himmel, so auch auf Erden.
Unser tägliches Brot gib uns heute,
und vergib uns unsere Schuld,
wie auch wir vergeben unseren
Schuldigern.
Und führ uns nicht in Versuchung,
sondern erlöse uns von dem Bösen,
Denn dein ist das Reich und die
Kraft und die Herrlichkeit in
Ewigkeit. Amen

3 Ave Maria

Gegrüßet seist du, Maria, voll der
Gnade,
der Herr ist mit dir.
Du bist gebenedeit unter den
Frauen,
und gebenedeit ist die Frucht
deines Leibes, Jesus.
Heilige Maria, Mutter Gottes,
bitte für uns Sünder
jetzt und in der Stunde unseres
Todes.
Amen

4 Gott danken:

Lieber Gott,
danke, dass du so gut zu uns bist.
Danke, dass du unsere Gebete
hörst.
Danke für die Welt, in der wir
leben:
Sommer und Winter,
Sonnenschein und Regen,
Zeit zum Säen und Zeit zum Ernten.
Danke für alle guten Dinge,
die wir in deiner Welt bekommen.
Nach Psalm 68

5 Am Morgen

Ich bitte dich, Herr,
gib mir die große Kraft,
deinen Tag zu bestehen,
auf dem Weg zu dir
einen Schritt weiterzukommen.
Amen

6 Am Tag

Wo ich gehe,
wo ich stehe,
ist der liebe Gott bei mir.
Wenn ich ihn auch niemals sehe,
weiß ich dennoch, Gott ist hier.

7 Tischgebet

Komm Herr Jesus, sei unser Gast
und segne, was du uns bescheret
hast.
Amen

8 Am Abend

Und wieder geht ein Tag zu Ende.
Ich leg ihn, Herr, in deine Hände,
nimm an, was gut war, froh und
recht,
nimm weg, was böse, traurig,
schlecht.
Ich will in deinem Segen ruh'n
und morgen wieder Gutes tun.

KOPIERVORLAGE

3 Lied

Kommunion heißt: Wir feiern Gemeinschaft

Text und Musik: Norbert M. Becker

♩=126

B♭/C   F   C/E

1. Kom - mu - ni - on heißt: Wir fei - ern Ge - mein -
2. Kom - mu - ni - on heißt: Wir fei - ern Ge - mein -
3. Kom - mu - ni - on heißt: Wir fei - ern Ge - mein -

d   F/C   B♭   g

- schaft. Kom - mu - ni - on heißt: Wir fei - ern ein Glau -
- schaft. Kom - mu - ni - on heißt: Wir fei - ern ein Frie -
- schaft. Kom - mu - ni - on heißt: Wir fei - ern ein Hoff -

C⁴   C   B♭   C/B♭

- bens - fest.___ Was Je - sus mit den Jün - gern ge - fei -
- dens - fest.___ Was Je - sus sei - nen Freun - den ver - spro -
- nungs - fest.___ Was Je - sus al - len Men - schen ver - hei -

F/A   d   g⁷   C   a⁷

- ert hat,___ wird heu - te wahr.___ Wun - der - bar!
- chen hat,___ wird heu - te wahr.___ Wun - der - bar!
- ßen hat,___ wird heu - te wahr.___ Wun - der - bar!

d⁷   g⁷   B♭   C

Ein Glau - bens - fest, hal - le - lu - ja!___
Ein Frie - dens - fest, hal - le - lu - ja!___
Ein Hoff - nungs - fest, hal - le - lu - ja!___

klatschen

F   g⁷   a⁷   d⁷   B♭/C   F

___ Ein Glau - bens - fest, hal - le - lu - ja!___
___ Ein Frie - dens - fest, hal - le - lu - ja!___
___ Ein Hoff - nungs - fest, hal - le - lu - ja!___

klatschen

14. Jesus lädt alle ein

Vgl. Familienbuch Seite 96–99

Jesus hat mit den Menschen gegessen. Dabei hat er keine Unterschiede gemacht. Zum Mahl mit ihm waren und sind alle eingeladen. Für Jesus drückt sich in der Einladung zum gemeinsamen Mahl die Liebe Gottes aus.

Zeit	Element	Material
15'	Einstieg	
5'	Gruppenritual	• vgl. Tabelle auf Seite 26f.
45'	Hauptteil	• eine Briefkarte, die laut Anleitung vorbereitet ist • Bibeltext (Kop. 1, Seite 125) • ein Plakat DIN A1, das laut Anleitung vorbereitet ist (Kop. 2, Seite 126) • pro Kind ein bis zwei Blatt Papier DIN A4 • Farbstifte und Wachsmalstifte • pro Kind eine Schere • Klebstoff • alte Zeitschriften
5'	Abschluss	• Gruppenkerze • Streichhölzer • pro Kind eine Kopie des Liedes „Heute feiern wir ein großes Fest" (Kop. 3, Seite 127)
	Für zu Hause	• Bibeltext (Kop. 1, Seite 125) • Gästeliste (Kop. 4, Seite 128)
Merkposten/Notizen/Auswertung		

Einstieg

Spiel

Da dieses Kindertreffen wenig Bewegungselemente enthält und im Sitzen abläuft, können die Kinder sich eines ihrer Lieblingsspiele aus den vorangegangenen Gruppentreffen aussuchen, um sich körperlich auszugleichen.

Gruppenritual

Meditation

Das Gruppenritual ermöglicht Besinnung und Konzentration auf das Kommende.

Hauptteil

Gespräch

Sie haben eine aufklappbare Briefkarte mitgebracht, auf deren Vorderseite in großen Buchstaben steht: Einladung

* Was könnte das wohl für eine Einladung sein? *Sie zeigen den Kindern noch nicht, was in der Karte steht; sie sollen erst überlegen, was für eine Einladung das sein könnte.*
* Haben die Gruppenmitglieder auch schon mal eine Einladung bekommen?
* Zu einem Fest? Was war das für ein Fest?

Die Kinder erzählen von ihren Erfahrungen.
Nun wird die Karte geöffnet. Darin steht: Jesus lädt ein zu seinem Fest!
* An wen ist diese Einladung gerichtet?
* Was bedeutet diese Einladung an uns?
* Was will uns Jesus damit sagen?

Bibeltext

Sie haben ein Plakat vorbereitet (gezeichnet oder mit Bildern aus Zeitschriften gestaltet): Auf dem Plakat ist ein Tisch zu sehen, der mit verschiedenen Speisen und Getränken gedeckt ist. Aber es sitzt noch niemand an diesem Tisch.
Nun wird die Bibelstelle vom Mahl der Vielen vorgelesen, Markus 6,30-44 (Kop. 1, Seite 125).

Kreativ

Zu Gast

Alle sind zum Tisch des Herrn geladen. Gemeinsam mit den Kindern gestalten Sie ein Bild, auf dem alle mit Jesus am Tisch sitzen. Bereiten Sie ein Plakat vor, auf dem ein Tisch abgebildet ist (Kop. 2, Seite 126), an dessen Kopfende ist die Person Jesu zu sehen.

Nun gestaltet jedes Kind auf einem eigenen Blatt Papier sich selbst. Die Figur wird anschließend ausgeschnitten und auf das Plakat geklebt. Sind am Ende noch Plätze am Tisch frei, können Sie diese mit Menschen aus allen Erdteilen besetzen, sodass am Ende eine bunte Schar mit Jesus am Tisch sitzt.

Meditation

Nun bildet die Gruppe einen Kreis, in dessen Mitte das Plakat gelegt wird. Während alle das fertige Bild betrachten, lesen Sie den folgenden Text vor:

> BEI JESUS EINGELADEN SEIN
>
> Alle Menschen sind eingeladen – egal, welche Hautfarbe sie haben, ob gelb, rot oder braun, weiß oder schwarz – wir alle sind Jesu Gäste.
>
> Es ist egal, wie viel jemand verdient, was er besitzt und wie viel Geld er gespart hat – wir alle sind Jesu Gäste.
>
> Es ist egal, wie jemand aussieht, ob er klein oder groß, dick oder dünn ist – wir alle sind Jesu Gäste.
>
> Es ist egal, wie klug jemand ist, was er alles gelernt hat und wie viel er weiß – wir alle sind Jesu Gäste.

Gespräch

Sie erschließen den Kindern im Gespräch: Gott liebt uns nicht, weil wir etwas Besonderes geleistet haben oder berühmt sind, sondern er liebt uns so, wie wir sind. Er liebt uns und lädt uns zu sich an seinen Tisch, weil wir seine Kinder sind.

In unserer Mitte ist nun der Tisch des Herrn, zu dem wir alle geladen sind.

Abschluss

Lied

Ein Kind stellt die Gruppenkerze in die Mitte und entzündet sie. Alle gemeinsam singen dann das Lied „Heute feiern wir ein großes Fest" (Kop. 3, Seite 127).

Hinweis zum Singen:
Sie können beim Singen das Wort „Heute" durch die zwei Worte „Bald schon" ersetzen. So wird der Liedtext, der sich auf den Festtag der Erstkommunion bezieht, sprachlich an die Zeit der Vorbereitung angepasst.

Für zu Hause

Gästeliste: Nicht nur du bist eingeladen zum großen Fest. Besprecht zu Hause mit euren Eltern eure Gästeliste (vgl. Kop. 4, Seite 128).
Jedes Kind erhält eine Kopie des besprochenen Bibeltextes mit nach Hause.

1 Bibeltext

Die Apostel kehrten zu Jesus zurück und berichteten ihm, was sie alles in seinem Auftrag getan und den Menschen verkündet hatten. Jesus sagte zu ihnen: „Kommt jetzt mit, ihr allein! Wir suchen einen ruhigen Platz, damit ihr euch ausruhen könnt." Denn es war ein ständiges Kommen und Gehen, sodass sie nicht einmal Zeit zum Essen hatten. So stiegen sie in ein Boot und fuhren an eine einsame Stelle. Aber die Leute sahen sie abfahren und erzählten es weiter. So kam es, dass Menschen aus allen Orten zusammenliefen und noch früher dort waren als Jesus und die Zwölf.

Als Jesus aus dem Boot stieg, sah er die vielen Menschen. Da ergriff ihn das Mitleid, denn sie waren wie Schafe, die keinen Hirten haben. Darum sprach er lange zu ihnen. Als es Abend wurde, kamen die Jünger zu Jesus und sagten: „Es ist schon spät und die Gegend hier ist einsam. Schick doch die Leute weg! Sie sollen in die Höfe und Dörfer ringsum gehen und sich etwas zu essen kaufen!" Jesu erwiderte: „Gebt doch ihr ihnen zu essen!" Aber die Jünger sagten: „Meinst du wirklich, wir sollen losgehen und für zweihundert Silberstücke Brot kaufen und ihnen zu essen geben?" Jesus fragte sie: „Wie viel Brote habt ihr denn bei euch? Geht, seht nach!" Sie sahen nach und sagten: „Fünf und zwei Fische." Da ließ er die Jünger dafür sorgen, dass sich alle in Tischgemeinschaften im grünen Gras niedersetzten. So lagerten sich die Leute in Gruppen zu hundert und zu fünfzig. Dann nahm Jesus die fünf Brote und die zwei Fische, sah zum Himmel auf und sprach das Segensgebet darüber. Er brach das Brot in Stücke und gab die Stücke den Jüngern, damit sie sie an die Leute verteilten; auch die zwei Fische ließ er an alle austeilen.

Und sie aßen alle und wurden satt. Sie füllten sogar noch zwölf Körbe mit dem, was von den Broten übrig blieb. Auch von den Fischen wurden noch Reste eingesammelt.

Fünftausend Männer hatten an der Mahlzeit teilgenommen.

Markus 6,30-44

KOPIERVORLAGE

2 Zu Gast

3 Lied

Heute feiern wir ein großes Fest

Text und Musik: Norbert M. Becker

1. Heu - te fei - ern wir ein gro - ßes Fest,
2. Lan - ge freu'n wir uns auf die - sen Tag,
3. Heu - te sin - gen wir für Gott ein Lied,
4. Wir sind mäch - tig stolz und auf - ge - regt,

und al - le fei - ern mit.
und al - le freu'n sich mit.
und al - le sin - gen mit.
und al - le füh - len mit.

Je - sus lädt uns al - le ein. Gäs - te dür - fen

wir heut sein. Wir fei - ern ein Fest.____

Wir fei - ern ein Fest.____

4 Gästeliste

Meine Gäste:

- -

- -

- -

- -

- -

- -

- -

- -

- -

Ich freue mich schon!

15. Tun, was Jesus getan hat

Vgl. Familienbuch Seite 100–103

In der Feier der Eucharistie segnen und teilen wir das Brot und den Wein,
wie Jesus das getan hat. Bei diesem feierlichen Mahl erinnern wir uns
intensiv an das Leben, den Tod und die Auferweckung Jesu Christi, sodass
er für uns so lebendig wird wie damals.

Zeit	Element	Material
10′	Einstieg	
5′	Gruppenritual	• vgl. Tabelle auf Seite 26f.
35′	Hauptteil	• pro Kind ein Bogen lila Tonpapier DIN A4 • ein Bogen grünes Tonpapier DIN A2 • ein Plakat DIN A2, das laut Anleitung vorbereitet ist • pro Kind eine Schere • Farbstifte oder Faserschreiber • Klebstoff • Weintrauben • Familienbuch
5′	Abschluss	• Gruppenkerze • Streichhölzer
	Für zu Hause	• einige frische Weintrauben
Merkposten/Notizen/Auswertung		

Einstieg

Am Anfang spielt die Gruppe ein Spiel, bei dem es darum geht, einen Gegenstand oder eine Person wiederzuerkennen.

Spiel

Schau genau!
Die Gruppe sitzt im Kreis, ein Kind geht aus dem Raum. Während es abwesend ist, wird etwas Äußeres an den übrigen Kindern verändert. Z.B.: zwei Kinder tauschen die Plätze, zwei Kinder tauschen ihre Pullis, die Uhren usw. Dann wird das Kind wieder hereingerufen und soll nun die Veränderung erkennen.
Die Kinder selbst haben hier meist sehr gute Vorschläge, was verändert werden kann!

Gruppenritual
Meditation

Das Gruppenritual ermöglicht Besinnung und Konzentration auf das Kommende.

Hauptteil
Gespräch

Bei dem Spiel ging es darum, jemanden oder etwas wiederzuerkennen, sich an etwas genau zu erinnern.
* Was ist dazu nötig?
* Wie können wir uns am besten etwas merken und einprägen?
Damit das Wiedererkennen und Erinnern gelingen kann, müssen wir einander vertraut sein, einander ziemlich gut kennen. Wir müssen auch sehr aufmerksam sein, um uns Kleinigkeiten zu merken, nur dann kann man jemanden oder etwas wiedererkennen.

Bibeltext

Die Kinder betrachten den Weinstock im Familienbuch auf Seite 103, während Sie die biblische Erzählung „Ich bin der wahre Weinstock", im Familienbuch auf Seite 102, vorlesen.

Meditation

Im folgenden Meditationstext wird deutlich, welche Bedeutung das Symbol des Weinstocks in unserem Leben hat. Die Kinder sitzen im Kreis. Stellen Sie die Gruppenkerze in die Mitte und lesen Sie den Kindern folgenden Meditationstext vor:

> Die einzelnen Reben des Weinstocks können nur dann leben,
> wenn sie mit dem Stamm, dem Weinstock, verbunden sind.
> Auch wir können nur dann als Christen leben,
> wenn wir mit Gott in Jesus Christus verbunden bleiben.
> Wenn die Trauben vom Weinstock getrennt werden,
> bekommen sie keine Nahrung und kein Wasser mehr,
> sodass sie nicht mehr wachsen können.

Auch wir können nicht mit Gott in Kontakt bleiben, wenn wir von unserem Weinstock, Jesus, getrennt werden oder uns selbst von ihm entfernen. Das Bild vom Weinstock und den Reben drückt die enge Beziehung zwischen uns Menschen und Gott aus. Es hält in uns die Erinnerung wach, dass wir mit Jesus Christus verbunden bleiben. Besonders eng sind wir mit Jesus in der Kommunion verbunden, die Gemeinschaft ist dort besonders intensiv, weil wir uns an ihn erinnern und im Brotbrechen das tun, was auch er beim letzten Abendmahl getan hat.

Kreativ

Unser Weinstock

Aus lila Tonpapier schneidet nun jedes Kind einige Trauben mit einem Durchmesser von ca. 5 cm aus. Auf eine Traube schreibt es seinen eigenen Namen, auf die anderen schreibt es die Namen von Familienmitgliedern, Freunden und Bekannten, die ihm wichtig sind. Sie haben auf einem Plakat einen Weinstock vorgezeichnet, dieser wird nun in Gemeinschaftsarbeit von der ganzen Gruppe ausgemalt. Einige Kinder schneiden inzwischen aus grünem Tonpapier Weinblätter aus. Anschließend werden die Trauben und die Weinblätter an den Weinstock geklebt, sodass der Gruppenweinstock reiche Frucht trägt.

Nachdem der Weinstock gestaltet ist, können Sie Ihr Werk gemeinsam betrachten und zusammen Trauben – die Früchte des Weinstocks – essen. Obwohl bei den Trauben die Verbindung zum eigentlichen Stamm nicht mehr besteht, können die Kinder die feinen Verästelungen der Reben betrachten und verfolgen, wie die einzelnen Verzweigungen zusammenlaufen und in ein Ästchen münden, das dann wiederum mit dem Weinstock verbunden ist.

Abschluss

Gebet

Die Gruppe bildet einen Kreis, ein Kind stellt die Gruppenkerze in die Mitte und entzündet sie. Alle reichen sich die Hände und sprechen das Vaterunser. Den Text finden Sie im Familienbuch auf Seite 86.

Für zu Hause

Jedes Kind erhält einige frische Weintrauben mit nach Hause.

16. Wandlung und Verwandlung unseres Lebens

Vgl. Familienbuch Seite 104–107

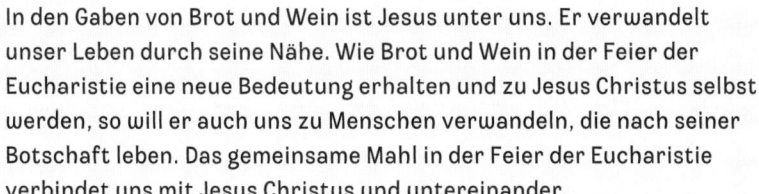

In den Gaben von Brot und Wein ist Jesus unter uns. Er verwandelt unser Leben durch seine Nähe. Wie Brot und Wein in der Feier der Eucharistie eine neue Bedeutung erhalten und zu Jesus Christus selbst werden, so will er auch uns zu Menschen verwandeln, die nach seiner Botschaft leben. Das gemeinsame Mahl in der Feier der Eucharistie verbindet uns mit Jesus Christus und untereinander.

Zeit	Element	Material
10′	Einstieg	• Kärtchen DIN A6, die laut Anleitung vorbereitet sind
5′	Gruppenritual	• vgl. Tabelle auf Seite 26f.
25′	Hauptteil	• zwei helle Tücher • Brot • Krug mit rotem Traubensaft • Legematerial • eine CD mit meditativer Musik und eine Abspielmöglichkeit • Text aus Familienbuch (Seite 104) oder Kop. 2 (Seite 139)
15′	Abschluss	• Besuch der Kirche (Tabernakel/Altar) organisieren und ggf. Zeichnung/Bild/Postkarte eines Altars/Tabernakels • pro Kind eine Kopie des Liedes „Du bist so fern, du bist so nah" (Kop. 3, Seite 140)
	Alternativer Abschluss	• Papier • Wachsmalkreiden
	Für zu Hause	• Zeichnung/Bild/Postkarte eines Altars/Tabernakels *oder* • Wandelbild mit Wachskreiden (siehe oben)
Merkposten/Notizen/Auswertung		

Einstieg

Spiel

Tiere raten

Sie haben kleine Kärtchen vorbereitet, auf denen jeweils der Name eines Tieres geschrieben steht. Jeweils ein Kind zieht einen Zettel und versucht, das entsprechende Tier so darzustellen, dass die Mitspieler erraten können, um welches Tier es sich handelt. Wer es erraten hat, zieht den nächsten Zettel.

Gruppenritual

Meditation

Das Gruppenritual ermöglicht Besinnung und Konzentration auf das Kommende.

Hauptteil

Gespräch

Im Spiel ging es darum, sich zu verwandeln. Wir haben uns im Spiel verwandelt. Viele Dinge verwandeln sich auch in Wirklichkeit; sie verwandeln sich und sehen hinterher ganz anders aus als vorher. Z.B. muss Tonerde geformt und gebrannt werden, ehe aus ihr ein Blumentopf oder ein Ziegelstein werden kann.
* Fallen euch ähnliche Beispiele ein?

Manchmal werden auch wir Menschen verwandelt. Wir können uns äußerlich verwandeln, können uns die Haare färben oder sie abschneiden oder uns auf andere Weise verändern. Aber wir können uns auch innerlich verwandeln, im Herzen. So kann es etwa passieren, dass wir traurig sind und jemand tröstet uns. Dann verfliegt plötzlich die Traurigkeit, wir sehen die Welt mit ganz anderen Augen, wir selbst sind ganz verwandelt.

Oder jemand sagt zu dir, dass er dich sehr lieb hat, dass er stolz auf dich ist, dass er gerne dein Freund oder deine Freundin wäre. Solche Worte, wenn sie ernst gemeint sind, können uns auch verwandeln.
* Hab ihr Kinder schon solche Erfahrungen gemacht?

Text

Brot und Wein

In der Bibel wird uns vom Segensgebet Jesu über Brot und Wein berichtet.
Legen Sie zwei helle Tücher in die Mitte des Stuhlkreises, ebenso ein Brot und stellen
Sie einen Krug mit rotem Traubensaft dazu. Sie oder ein Kind lesen den Text im Familienbuch auf Seite 104 vor.

Gespräch

* Wie pflegen wir unsere Erinnerungen an wichtige Momente in unserem Leben?
* Welche Erfahrungen haben wir damit, wie sich durch das Reden oder Verhalten eines anderen Menschen eine Situation verändert hat für uns? Erzählt euch von euren Erlebnissen!
* Wie können wir die Erinnerung an Menschen, die wir sehr lieben, die aber nicht mehr bei uns sind (durch Wegzug, Krankheit, Tod), lebendig halten? Was war typisch für diese Menschen – woran erinnern wir uns noch?
* „Segnen" bedeutet eigentlich, etwas oder jemanden „gutheißen". Wie wirkt sich das aus für uns und andere Menschen, wenn wir sie „gutheißen"?

Meditation

Wandlung

In folgendem Meditationstext wird deutlich, welche zentrale Bedeutung der Wandlung in der Feier der Eucharistie und in unserem Glauben zukommt.
Die Kinder sitzen im Kreis. Stellen Sie die Gruppenkerze in die Mitte zu Brot und Saft.
Nach einer kurzen Phase der Stille lesen Sie den Kindern den folgenden Meditationstext vor:

>Die Liebe der Eltern verwandelt ihre Kinder.
>Die Begegnung mit Jesus verwandelt uns.
>Er nimmt die Kinder in seine Arme und segnet sie. In der Beziehung mit Jesus leuchten die Kinder auf. Auch die Eltern leuchten auf, wenn sie ihre Kinder zu Jesus bringen. Er nimmt sie hinein in das helle wärmende Licht Gottes, der uns erschaffen hat.
>Mit wem wir unterwegs sind, der verwandelt uns.
>Sind wir mit bösen Menschen unterwegs, verwandeln wir uns hin zum Bösen.
>Sind wir mit Jesus unterwegs, verwandeln wir uns zum Guten.
>Wer mit Jesus unterwegs ist, für den öffnet sich der Himmel.
>Wenn wir in der Feier der Eucharistie das tun, was uns Jesus aufgetragen hat,
>dann ist er mitten unter uns,

so, wie er damals im Abendmahlsaal mit seinen Jüngern mitten unter ihnen war.
Wir erleben in der Wandlung also die direkte Begegnung mit ihm.
Wir gehören zu Gott. Es öffnet sich für uns der Himmel.

Abschluss (in der Kirche)

Gemeinschaft

Besuch in der Kirche: Altar und Tabernakel
Sie können diese Gruppenstunde mit einem kurzen Besuch in der Kirche abschließen. Thematisch bietet es sich dabei besonders an, den Altar und/oder den Tabernakel näher zu betrachten und ihre Bedeutung zu erklären (Erläuterungen dazu finden Sie auf Kop. 1, Seite 137f.).

Alternative zum Abschluss (im Gruppenraum)

Kreativ

Wandelbild mit Wachskreiden
Mit bunten Wachsmalkreiden bemalt jedes Kind sein Blatt Papier deckend. Dann wird die bunte Fläche einfarbig übermalt, am besten geht das mit dunkler Farbe: dunkelblau, dunkelgrün, braun oder schwarz.
Es lässt sich nicht erahnen, welch bunte Pracht sich hinter der einfarbigen Fläche verbirgt!
Mit einem Spachtel aus Kunststoff (der in den meisten Wachsmalkästen enthalten ist) oder anderen spitzen Gegenständen (Spachtel aus Kinderknet-Spielen oder aus dem Künstlerbedarf, Schaschlik-Spießen …) wird nun die einfarbige Farbfläche vorsichtig abgekratzt, sodass nun bunte Figuren und Muster in dem Bild entstehen.
Das eintönige Bild verwandelt sich in ein buntes Bild.
Zum Abschluss – wenn alle mit dem kreativen Tun fertig sind – sammelt sich die Gruppe im Kreis. Ein Kind stellt die Gruppenkerze in die Mitte und entzündet sie.
Die Bilder der Kinder werden um die Kerze herum abgelegt.
Gemeinsam singt die Gruppe dann das Lied „Du bist so fern, du bist so nah" (Kop. 3, Seite 140), das vom Geheimnis der Wandlung spricht.

Für zu Hause

Je nachdem, welcher Abschluss gewählt wurde, erhält jedes Kind ein/e Zeichnung/ Bild/Postkarte eines Altars/Tabernakels oder sein Wandelbild mit Wachskreiden (siehe oben).

1. Hintergrundwissen für die Kindergruppenbegleitung

Tabernakel

Im Tabernakel, das Wort kommt aus dem Lateinischen und bedeutet übersetzt Zelt, wird das übrig gebliebene gewandelte Brot (Eucharistie) aufbewahrt und als Leib Christi verehrt. In den Anfängen des Christentums, als der Gottesdienst noch in Wohnhäusern gefeiert wurde, bewahrten die Christen die Eucharistie in kleinen Kästchen in ihren Privatwohnungen auf. So konnten sie das gewandelte Brot während der Woche als geistliche Stärkung zu sich nehmen, denn es gab nur am Sonntag eine Feier der Eucharistie. Als dann die ersten Kirchen entstanden, etwa im 3. Jahrhundert, wurden die Kästchen mit der Eucharistie in einen Nebenraum der Kirche gesetzt. Erst ab dem 8. Jahrhundert wurde das gewandelte Brot auf oder über dem Altar in einem Tabernakel aufbewahrt. Aus dieser Zeit stammen auch spezielle Mauernischen oder Wandschränke, aus denen sich turmartige Sakramentshäuschen entwickelt haben.

Beim Tabernakel befindet sich das Ewige Licht, welches die Gegenwart Christi anzeigt.

Altar

Der Altar ist der „Tisch des Herrn", der Mittelpunkt einer jeden katholischen Kirche. Auf ihm werden Brot und Wein bereitet und zu Leib und Blut Christi gewandelt. Heute steht der Altar an einer zentralen Stelle in der Kirche, doch das war nicht immer so. Die ersten Christen nahmen für ihre Gottesdienste aus rein praktischen Gründen einen einfachen Tisch, der jeweils für die Feier der Eucharistie aufgestellt wurde. Denn anfangs wurden die Gottesdienste noch in Privathäusern gefeiert. Nachdem die ersten Kirchen gebaut worden waren, wurde der Altar häufig aus Stein geformt und damit unbeweglich. Waren die ersten Altäre noch steinerne Tische, weicht die Form des Tisches im 8. Jahrhundert der des Blockes aus Stein. Nach und nach rückt dieser Block immer näher an die Wand. Der Altar verliert seinen zentralen Standort und der Altarraum wird mit Schranken von der Gemeinde abgetrennt. Der Altar bekam an seinem neuen Standort sehr häufig einen besonderen Schmuck und es wurden prächtige Altaraufbauten errichtet.

Heute noch finden wir diese Art Altar in vielen älteren Kirchen: den Hochaltar.

Durch die Liturgiereformen im 20. Jahrhundert rückte der Altar wieder verstärkt in die Mitte und wurde wieder Mittelpunkt der Feier der Eucharistie. Die Form des Altars als Tisch weist auf die Mahlgestalt der Gemeinde in der Eucharistie hin. Er ist „Tisch des Leibes", zu dem theologisch der Ambo als der „Tisch des Wortes" in Beziehung steht. Der Altar ist meist aus Stein, denn dieses Material betont den Aspekt des Opfers, d.h. der Hingabe Jesu Christi. Der Altar ist zugleich aber auch Symbol für Christus selbst, denn Christus wird im Neuen Testament als der Fels (1 Korinther 10,4), als Eckstein (1 Petrus 2,7f), Schlussstein (Epheser 2,20) und als lebendiger Stein (1 Petrus 2,4) bezeichnet.

2 Wandlung

Jesus feierte mit seinen Jüngern ein Mahl, bevor er sterben musste. Dabei nahm er Brot, etwas ganz Alltägliches, das wir Menschen zum Leben brauchen. Und er nahm den Wein, den Menschen bei Festen und Feiern trinken. Jesus teilte Brot und Wein an seine Freunde aus. Er sprach ein Segensgebet über Brot und Wein. Dann forderte er sie auf, zu essen und zu trinken. Er sagte; „Das Brot ist mein Lcib. Der Wein ist mein Blut." Das bedeutet: „Ich selbst werde für euch so wichtig wie Brot und Wein. Ihr lebt von meiner Liebe wie vom Brot. Ihr seid mit mir verbunden wie die Reben verbunden sind mit dem Weinstock." Wenn wir sagen, dass sich in der Feier der Eucharistie Brot und Wein wandeln, dann ist da kein Zaubertrick dabei: Wein und Brot sind nach wie vor Wein und Brot – sie sehen so aus und schmecken so. Aber sie bekommen einen völlig neuen Sinn, weil der Priester mit der Gemeinde die Worte Jesu vom letzten Abendmahl spricht: „Das ist mein Leib, das ist mein Blut." Brot und Wein werden zu Jesus selbst. Sie erinnern uns an seine Liebe. Sie machen uns sein Leben, seinen Tod und seine Auferweckung gegenwärtig. Im Austeilen von Brot und Wein schenkt sich uns Jesus selbst, wir haben dadurch Anteil an seiner Lebenshingabe. So werden wir verwandelt zu Menschen, die in Gemeinschaft mit Jesus leben und zu ihm gehören.

In den Gaben von Brot und Wein ist Jesus unter uns. Er verwandelt unser Leben durch seine Nähe. Wie Brot und Wein in der Feier der Eucharistie eine neue Bedeutung erhalten und zu Jesus Christus selbst werden, will er auch uns zu Menschen verwandeln, die nach seiner Botschaft leben. Das gemeinsame Mahl in der Feier der Eucharistie verbindet uns mit Jesus Christus und untereinander.

3 Lied

Du bist so fern, du bist so nah

Text und Musik: Norbert M. Becker

Du bist so fern.__ Du bist so nah.__ Du bist so

an - ders und doch da. Du bist im Le - ben. Du bist im

Tod. Du gibst dich uns in Wein__ und Brot. Du bist im

Le - ben. Du bist im Tod. Du bist die Lie - be, gu - ter Gott.

V Miteinander Kirche sein

Auch für Sie als Begleiterin oder Begleiter einer Kommunion-Kindergruppe ist es wichtig, sich zu vergewissern, was Kirche denn letztlich ist. Die kirchenpolitischen Konflikte oder die oft unverständliche Sprache kirchenamtlicher Äußerungen sollten nicht den Blick für die eigentliche Aufgabe und bleibende Bedeutung der Kirche als Gemeinschaft der Jüngerinnen und Jünger Jesu, als Volk Gottes, trüben. Die Glaubensgemeinschaft der Kirche ist Zeichen Gottes in der Geschichte. Sie ist Zeichen des Heils – wie das Zweite Vatikanische Konzil dies ausdrücklich formuliert hat (Lumen Gentium 2) – sie ist Volk Gottes. Sie ist Zeichen dafür, dass Gott mit seinem Volk auf den staubigen Wegen der Geschichte unterwegs ist und unterwegs bleibt. Wenn Sie sich vorstellen, es würde gar keine Kirche mehr geben, die Frohe Botschaft Jesu Christi würde bald untergehen, seine Verheißung – dass es mit unserem Leben über den Tod hinaus gut ausgehen wird, dass Gott unsere Tränen trocknet und uns heil macht – würde mehr und mehr in Vergessenheit geraten. Das Volk Gottes ist nicht nur das biblische Volk Israel auf dem Weg damals durch die Wüste, sondern auch das Volk der Menschen heute auf den Wegen in der immer mehr zusammenwachsenden Welt. Die Kirche hat eine kritisierende und anregende Aufgabe gegenüber der Gesellschaft und in der Gesellschaft. Sie darf sich nicht einfach von der Gesellschaft, wie sie gerade ist, vereinnahmen lassen. Deswegen wird sie immer auch Widerspruch und Konflikte hervorrufen, wenn sie das Reich Gottes – Friede und Gerechtigkeit – gegenüber einer von Markt und Kapital bestimmten Welt vertritt. Diese Nähe Gottes zu seinem Volk wird in der Glaubensgemeinschaft der Kirche in unterschiedlichsten Zeichen ausgedrückt: Das Licht der Osterkerze, das wir in der Feier der Osternacht in die dunkle Kirche hineintragen, ist Zeichen der Hoffnung und der Überwindung des Todes. Das Kreuz, an dem Jesus gestorben ist, ist Zeichen dafür, dass er uns in unserem Sterben und in unserer Not nicht alleine lässt, wenngleich uns Schmerzen und Tod genauso wenig erspart bleiben wie ihm auch. In solchen Zeichen wird uns die neue Wirklichkeit Gottes eröffnet. Miteinander sind wir Kirche im Geiste Jesu Christi. Alle Menschen, Gruppen und Einrichtungen einer Gemeinde sind Kirche, indem sie die Anliegen christlichen Lebens und Glaubens praktizieren und in die Gesellschaft hinein vermitteln.

Die Glaubensgemeinschaft der Kirche wird dann ganz besonders deutlich erfahrbar, wenn die einzelnen Menschen und Gruppen am Sonntag in der Kirche zusammenkommen und als Gemeinschaft, als communio, die Eucharistie feiern. Miteinander Kirche sein heißt, gemeinsam auf Gottes Wort hören und mit Jesus Mahl halten und so den Weg zu Gott gehen. Auf Gottes Wort zu hören hilft uns, uns auf Gott hin auszurichten, sensibel zu werden für die feinen Schattierungen und Sehnsüchte des Lebens, auf die Widersprüche unseres Lebens vertrauensvoll zuzugehen und auch die Zweifel auszuhalten – **Gott loben und danken.** Die Eucharistie-Feier ist der gemeinsame Ausgangspunkt und das Zentrum christlicher Gemeinschaft, von dem aus sich die einzelnen Menschen und Gruppen in ihren Alltag begeben, zu ihren Aufgaben hin.

Mit Paula auf Entdeckungstour, im Familienbuch ab S. 132, dient der Einübung in die Eucharistie-Feier der Gemeinde. Die Kindergruppe auf dem

Kommunionweg ist lebendiger Teil des kirchlichen Lebens Ihrer Gemeinde. Sie ist zu Beginn eine kleine Pflanze, die zu wachsen beginnt, und umso größer sie wird, umso mehr wird sie für die ganze Gemeinschaft sichtbar. Sie tritt zum Vorschein in Gottesdiensten und bei Festen. Kinder als Teil der Gemeinde haben so einen Platz in dieser Gemeinschaft gefunden und merken sehr genau, was es heißt, Christ zu sein, zur Gemeinschaft der Christen zu gehören. Für die Ihnen in der Gruppe anvertrauten Kinder ist der Kommunion-Feiertag oft das größte Fest der Kindheit – **Ein Tag wie kein anderer**. Auf dieses Fest leben die Kinder jetzt hin. Sie bereiten – wenn möglich – den Gottesdienst mit vor, sie planen ihr Fest zu Hause, wen sie einladen, wie sie feiern. Damit dieser Tag und die Kommunion weitergehen und hineinreichen in die zukünftige Entwicklung der Kinder, bedarf es mancher weiterer Überlegungen. Gottesdienste werden nur dann zum Zentrum des Lebens der Gemeinde, wenn ihre Gestaltung die verschiedenen Verstehensebenen der Gemeindemitglieder beachtet. Kinder, die mit ihren Eltern oder als Kindergruppe regelmäßig am Gottesdienst teilnehmen und ihn aktiv mitgestalten können, bekommen dadurch die Möglichkeit, mehr vom christlichen Glauben zu verstehen. Durch eine kind- und familiengerechte Liturgie haben diese die Möglichkeit, ihre Beziehung zu Gott in der Gemeinde aller Christen zu feiern und zu leben. Es stellt sich die Frage, wie Ihre Kindergruppe nach dem Kommunionfeiertag zusammenbleiben kann, sodass den Kindern, die dafür das Bedürfnis und die Sensibilität haben, ein Begegnungsraum in Ihrer Kirchengemeinde erhalten bleibt und die Gemeinschaft der Gruppe nicht mit dem Kommunion-Feiertag zu Ende geht. Damit dies erreicht wird, ist viel Fantasie am Ende des Kommunionweges erforderlich, aber es ist eine lohnende Sache, wenn Sie mit Ihrer Kindergruppe in der Gemeinde einen Ort auch nach der Kommunion haben und Ihr Weg entsprechend weitergeht: **Gemeinde – Miteinander weitergehen**. Kinder sollten am Ende des Kommunionweges auf kindgemäßer Ebene vom Gemeindeleben verstehen, dass sich hier Menschen versammeln, Mahl halten und darin Volk Gottes sind. Wenn Kinder dies verstehen, sich in der Gemeinschaft der Kindergruppe als Teil dieser Gemeinde fühlen, sind sie oftmals begeistert von dem Gedanken, auch über den Kommunion-Feiertag hinaus eine Kindergruppe zu bilden. Diesen Wunsch ernst zu nehmen, kann die Arbeit mit Kindern in Ihrer Gemeinde fördern und es können neue Gruppen entstehen. Kinder, die heute die Möglichkeit haben, ihre Beziehung zu Gott aufzubauen, können morgen zu den Christen gehören, die Gemeinde lebendig halten und aktiv mitgestalten – an welchem Ort auch immer: **Katholisch – In der ganzen Welt zu Hause**.

17. Gott loben und danken –
Mit Paula auf Entdeckungstour

Vgl. Familienbuch Seite 132-159

In unseren Gottesdiensten feiern wir Gott. Im Wortgottesdienst versammeln wir uns, um das Wort Gottes zu hören. Wir bringen alles, was uns bewegt, im Gebet vor Gott. Nach dem Hören auf Gottes WORT geben wir unsere ANT-WORT darauf im Bekenntnis unseres Glaubens sowohl im Gebet als auch im alltäglichen Handeln. In der Feier der Eucharistie erinnern wir uns an das Leben, den Tod und die Auferweckung Jesu Christi. Wir loben und danken Gott, dass Jesus Christus uns im Brot des Lebens bleibend nahe ist.

Zeit	Element	Material
15'	Einstieg	• Papierstreifen, die laut Anleitung vorbereitet sind • pro Kind eine Kopie „Feier der Eucharistie" (Kop. 1, Seite 147)
5'	Gruppenritual	• vgl. Tabelle auf Seite 27f.
40'	Hauptteil	• Familienbuch • Tischdecke • pro Kind eine Serviette • Gruppenkerze • Streichhölzer • Blumen • Teller • Gläser • Brot • Traubensaft • evtl. CD aus dem Familienbuch • evtl. CD-Player
5'	Abschluss	• Gruppenkerze • Streichhölzer

	Für zu Hause	• pro Kind eine Kopie vom Einlegeblatt: „Ablauf einer Eucharistie-Feier" (Kop. 2, Seite 148f.)
Merkposten/Notizen/Auswertung		

Einstieg

Kreativ

Feier der Eucharistie – Puzzle

Im Familienbuch auf den Seiten 132–159 finden Sie die Erzählung „Mit Paula auf Entdeckungstour". Diese für den Kommunionweg unverzichtbare Erzählung erklärt die einzelnen Elemente der Feier der Eucharistie. In einem gemeinsamen Puzzle sollen zunächst die einzelnen Elemente bekannt werden.

Zur Vorbereitung dieses Puzzles schreiben Sie die einzelnen Elemente der Feier der Eucharistie auf verschiedenfarbige Papierstreifen oder Sie kopieren die Elemente auf verschiedenfarbiges Papier (Kop. 1, S. 147). Jede Farbe sollte nur einmal vorkommen. Jedes Wort wird dann in seine einzelnen Silben zerschnitten. So bekommen die Kinder einen bunten Silben-Salat und versuchen, jedes Wort aus den einzelnen Silben zusammenzusetzen.

Bei den kürzeren Wörtern, wie etwa Lesung, ist dies recht einfach, aber bei längeren,

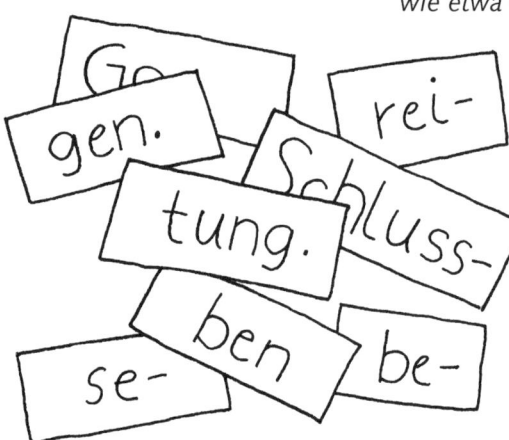

wie etwa Ga / ben / ge / bet, etwas schwieriger, vor allem wenn die Silben vermischt sind: bet / ge / ben / Ga. Hier können sich die Kinder an der Farbe der Papierstreifen orientieren, damit das Rätsel lösbar bleibt. Es hilft den Kindern auch, wenn Sie in der Vorbereitung die erste Silbe mit einem Großbuchstaben beginnen und an die letzte Silbe einen Schlusspunkt setzen.

Wenn alle Begriffe zusammengesetzt sind, versuchen Sie mit der Kindergruppe, die einzelnen Elemente in die Abfolge der Feier der Eucharistie zu bringen.

Gruppenritual

Meditation

Das Gruppenritual ermöglicht Besinnung und Konzentration auf das Kommende.

Hauptteil

Gemeinschaft erfahren – die Feier der Eucharistie verstehen

Heute steht das gemeinsame Hören oder Lesen der Geschichte „Mit Paula auf Entdeckungstour" im Mittelpunkt des Gruppentreffens. Dies geschieht aber nicht wie in der Schule, sondern bei einem gemeinsamen Essen.

Es ist wichtig, dass die Kinder für dieses Gruppentreffen ihr Familienbuch mitbringen, da in diesem ja die Erzählung von Paula enthalten ist. Ohne Familienbuch ist das gemeinsame Lesen nicht möglich. Auch für den Abschluss wird das Familienbuch benötigt, da die Kinder ein Lied ihrer Wahl aus dieser Geschichte singen sollen.

Der Tisch soll für dieses Essen ganz bewusst von allen gemeinsam gedeckt und vorbereitet werden. Sie können dazu die Kinder bitten, folgende Dinge vorzubereiten und mitzubringen:

Eine schöne Tischdecke, Servietten, Blumen, Teller und Gläser oder Becher. Auch die Gruppenkerze wird in die Mitte des Tisches gestellt und entzündet. Das Essen selbst besteht aus Brot und Traubensaft.

Wenn der Tisch fertig gedeckt ist, setzen Sie sich mit den Kindern gemeinsam um den Tisch.

Versuchen Sie, den Kindern bewusst zu machen, dass es bei diesem Mahl in der Kindergruppe genauso ist wie bei Jesus. Alle sind eingeladen, jeder ist zum Tisch geladen und willkommen.

Brot und Traubensaft bei diesem gemeinsamen Essen sollen es den Kindern und auch Ihnen erleichtern, sich an Jesus zu erinnern, an ihn zu denken. Wir Menschen können in der Zuversicht leben, dass Jesus uns nahe ist und immer bei uns bleibt. Um dies symbolisch zu verdeutlichen, können Sie beim Essen einen Stuhl für Jesus freihalten.

Nun reichen sich alle die Hände und Sie oder ein Kind sprechen ein kurzes Tischgebet. Dann brechen Sie gemeinsam das Brot in Teile und auch der Traubensaft wird in die Gläser aufgeteilt. Beim Teilen der Speisen sollten die Kinder aktiv mit einbezogen werden, damit sie das Teilen und Weitergeben selbst erleben.

Wenn alle Kinder zu essen und zu trinken haben, lesen Sie – evtl. sich in der Gruppe abwechselnd – die Geschichte „Mit Paula auf Entdeckungstour" (Familienbuch, Seite 132–159) vor.

Bei Gruppen, in denen es nicht möglich ist, dass die Kinder ihr Familienbuch zum Treffen mitbringen, kann das Vorlesen über das Familienbuch der Katecheten erfolgen.
Da es wesentlich darum geht, die einzelnen Elemente der Feier der Eucharistie zu verstehen, die Zeit des Gruppentreffens aber begrenzt ist, wird auf das Singen aller Lieder verzichtet, treffen Sie eine Auswahl.
Während der Geschichte essen und trinken die Kinder. Achten Sie darauf, dass dadurch die Aufmerksamkeit für die Geschichte nicht verloren geht.

Bibeltext

Nach der Geschichte lesen Sie den Text aus der Bibel vor:
Christen haben immer schon dieses Mahl der Eucharistie zur Erinnerung an Jesus gehalten. So berichtet uns der Apostel Paulus:

> „Ich habe selbst als Überlieferung empfangen, was ich euch weitergegeben habe: In der Nacht, in der Jesus ausgeliefert wurde, nahm er das Brot, sprach darüber das Dankgebet, brach es in Stücke und sagte: ,Das ist mein Leib, der für euch hingegeben wird. Tut das immer wieder, damit unter euch gegenwärtig ist, was ich für euch getan habe.' Ebenso nahm er nach dem Essen den Becher und sagte: ,Dieser Becher ist Gottes neuer Bund, der durch mein Blut in Kraft gesetzt wird. Tut das, sooft ihr von ihm trinkt, und verkündet damit die Rettung, die durch den Tod des Herrn geschehen ist, bis er wiederkommt.'"
> *Nach 1 Korinther 11,23-26*

Abschluss

Lied

Die Kinder dürfen ihr Lieblingslied aus der Paula-Geschichte auswählen und singen es gemeinsam, evtl. mit CD-Begleitung. Die Texte und Noten finden Sie alle im Familienbuch (Seiten 132-159). Gegebenenfalls sind auch bereits die Lieder der Erstkommunionfeier bekannt, dann können sie eines von diesen Liedern singen.

Für zu Hause

Jedes Kind erhält das Faltblatt „Ablauf einer Eucharistie-Feier" (Kop. 2, Seite 148f.) zum Einlegen in das Gesangbuch.

KOPIERVORLAGE

1 Feier der Eucharistie

Kreuzzeichen	Gabenbereitung
Gott um Erbarmen bitten – Kyrie-Rufe	Gabengebet
Gott loben und preisen – Gloria	Hochgebet
Tagesgebet	Heilig, heilig, heilig – Sanctus
Lesung(en)	Vaterunser
Halleluja-Ruf	Friedensgruß
Evangelium	Lamm Gottes – Agnus Dei
Predigt	Kommunionempfang
Glaubensbekenntnis – Credo	Schlussgebet
Fürbitten	Segen und Entlassung

2 Faltblatt: Ablauf einer Eucharistie-Feier

So geht's lang im Gottesdienst

Eröffnung

Der Priester begrüßt die Gemeinde und eröffnet den Gottesdienst.

P: Wir beginnen im Namen des Vaters und des Sohnes und des Heiligen Geistes.

Wir machen dabei das Kreuzzeichen.

Schuldbekenntnis und Kyrie

Wir bekennen unsere Schuld und bitten Gott um Vergebung.

Herr, erbarme dich.

Christus, erbarme dich.

Herr, erbarme dich.

Gloria (Ehre sei Gott)

Im Gloria loben wir Gott mit einem Lied.

Tagesgebet

P: Lasset uns beten

Der Priester betet stellvertretend für die versammelte Gemeinde.

Lesung(en)

(wir sitzen)

Wir hören Gottes Wort an uns.

Zum Schluss sagt der Lektor: Wort des lebendigen Gottes

Wir antworten: Dank sei Gott

Antwortgesang

Mit einem Lied oder Psalmgebet antwortet die Gemende auf das Wort Gottes.

Halleluja-Ruf und Evangelium

(wir stehen)

P: Der Herr sei mit euch.

A: Und mit deinem Geiste.

P: Aus dem heiligen Evangelium nach ...

A: Ehre sei dir, o Herr. *(kl. Kreuzzeichen)*

(Am Ende) P: Evangelium unseres Herrn Jesus Christus.

A: Lob sei dir Christus.

Predigt

(wir sitzen)

In der Predigt wird uns die Bedeutung des Evangeliums für unser Leben verdeutlicht.

– 1 –

Credo (Glaubensbekenntnis)
(wir stehen)
Wir bekennen unseren Glauben.
A: Ich glaube an Gott,
den Vater, den Allmächtigen,
den Schöpfer des Himmels und der Erde,
und an Jesus Christus,
seinen eingeborenen Sohn, unseren Herrn,
empfangen durch den Heiligen Geist,
geboren von der Jungfrau Maria,
gelitten unter Pontius Pilatus,
gekreuzigt, gestorben und begraben,
hinabgestiegen in das Reich des Todes,
am dritten Tage auferstanden von den Toten,
aufgefahren in den Himmel;
er sitzt zur Rechten Gottes des allmächtigen Vaters;
von dort wird er kommen
zu richten die Lebenden und die Toten.
Ich glaube an den Heiligen Geist,
die heilige katholische Kirche,
Gemeinschaft der Heiligen, Vergebung der Sünden, Auferstehung der Toten
und das ewige Leben. Amen.

Fürbitten
(wir stehen)
Wir bringen unsere Anliegen vor Gott und wir bitten um Gottes Hilfe.

Gabenbereitung und Kollekte
(wir sitzen)
Die Ministranten tragen Brot und Wein zum Altar.
Der Priester bereitet den Altar, dann spricht er das Gabengebet über Brot und Wein.

Hochgebet
(wir stehen)
Das zentrale Lobgebet beginnt mit folgendem Dialog:
P: Der Herr sei mit euch.
A: Und mit deinem Geiste.
P: Erhebet die Herzen.
A: Wir haben sie beim Herrn.
P: Lasset und danken dem Herrn, unserem Gott.
A: Das ist würdig und recht.

– 2 –

Sanctus
Lied oder
A: Heilig, heilig, heilig,
Gott, Herr aller Mächte und Gewalten.
Erfüllt sind Himmel und Erde von deiner Herrlichkeit.
Hosianna in der Höhe.
Hochgelobt sei, der da kommt im Namen des Herrn.
Hosanna in der Höhe.

Einsetzungsworte
(wir knien)
Der Priester spricht die Worte Jesu beim letzten Abendmahl.
P: In der Nacht, da er verraten wurde,
nahm Jesus das Brot und sagte Dank, brach es,
reichte es seinen Jüngern und sprach:
Nehmet und esset alle davon: Das ist mein Leib, der für euch hingegeben wird.
Ebenso nahm er den Kelch, dankte wiederum,
reichte ihn seinen Jüngern und sprach:
Nehmet und trinket alle daraus: Das ist mein Blut, das für euch und für alle vergossen wird, zur Vergebung der Sünden.
Tut dies zu meinem Gedächtnis.

P: Geheimnis des Glaubens.
A: Deinen Tod, o Herr, verkünden wir und deine Auferstehung preisen wir, bis du kommst in Herrlichkeit.

Vaterunser
(wir stehen)
Der Priester lädt uns ein zu beten, wie Jesus es uns gelehrt hat.
A: Vater unser im Himmel,
geheiligt werde dein Name,
dein Reich komme, dein Wille geschehe,
wie im Himmel so auf Erden.
Unser tägliches Brot gib uns heute.
Und vergib uns unsere Schuld,
wie auch wir vergeben unseren Schuldigern.
Und führe uns nicht in Versuchung, sondern erlöse uns von dem Bösen. Denn dein ist das Reich und die Kraft
und die Herrlichkeit, in Ewigkeit. Amen.

– 3 –

Friedensgebet und Friedensgruß
Gott sagt uns seinen Frieden zu.
P: Der Friede des Herrn sei allezeit mit euch.
A: Und mit deinem Geiste.
Jetzt reichen wir unserem Nachbarn die Hand, damit geben wir den Frieden
weiter und sagen:
Der Friede sei mit dir.

Agnus Dei (Brechung des Brotes)
Lied oder
A: Lamm Gottes, du nimmst hinweg die Sünde der Welt. Erbarme dich unser
(2x).
Lamm Gottes, du nimmst hinweg die Sünde der Welt. Gib uns deinen Frieden.
P: Seht das Lamm Gottes, das hinwegnimmt die Sünde der Welt.
A: Herr, ich bin nicht würdig, dass du eingehst unter mein Dach, aber sprich
nur ein Wort, so wird meine Seele gesund.

Kommunion
Wir gehen nach vorne und empfangen die heilige Kommunion, den Leib
Christi.
P: Der Leib Christi.
A: Amen.
Nach dem Kommunionempfang gehen wir in die Bank und beten zu Jesus
Christus.

Danklied

Schlussgebet und Segen
Wir bitten um Gottes Segen.
P: Der Herr sei mit euch.
A: Und mit deinem Geiste.
P: Es segne euch der allmächtige Gott,
der Vater, der Sohn und der Heilige Geist.
(Wir machen dabei das Kreuzzeichen.)
A: Amen.

Entlassung
P: Gehet hin in Frieden.
A: Dank sei Gott, dem Herrn.

18. Ein Tag wie kein anderer

Vgl. Familienbuch Seite 116–119

Die Feier der Kommunion ist ein wichtiger Tag in deinem Leben. Sie ist ein Festtag für dich, deine Familie und die ganze Gemeinde. Ab jetzt bist du in jeder Feier der Eucharistie zum gemeinsamen Mahl eingeladen.

Zeit	Element	Material
15'	Einstieg	
5'	Gruppenritual	• vgl. Tabelle auf Seite 26f.
30'	Hauptteil	• pro Kind eine Kopie des Bibel-Quiz (Kop. 1, Seite 156f.) • einige Bibeln • Farbstifte oder Faserschreiber
60'	Alternative zum Hauptteil	• Kommunionkerzen • Blattwachs in verschiedenen Farben • ein scharfes Messer • feste Unterlage (zum Schneiden)
10'	Abschluss	• Gruppenkerze • Streichhölzer
	Für zu Hause	• pro Kind ein Bibel-Quiz (Kop. 1, Seite 156f.) *und/oder* • ggf. verzierte Kommunionkerze (Hauptteilvariante)
Merkposten/Notizen/Auswertung		

Einstieg

Spiel

Die Orangen-Tanzmeister

Die Kinder finden sich paarweise zusammen und jedes Tanzpaar bekommt eine Orange. Die Kinder müssen jeweils ihre Orange zwischen ihre Köpfe nehmen und sie dort festhalten, indem sie mit ihren Köpfen gegen die Orange drücken. Die Hände dürfen dazu nicht benutzt werden! Wenn alle Paare bereit sind, beginnt der Tanz zu beschwingter Musik.

Es ist nicht leicht, die Orange zwischen den Köpfen zu halten, und da die Hände zum Halten der Orange nicht benutzt werden dürfen, werden die Paare nach und nach ihre Orange verlieren.

Paare, deren Orange herunterfällt, scheiden aus.

Jenes Paar, das die Orange am längsten halten konnte, ist Orangen-Tanzmeister.

Je nach Jahreszeit können sie Orangen oder Äpfel (oder auch einen Luftballon) verwenden. Sie sollten vor Beginn des Tanzes die Regeln besprechen, ob es zum Beispiel noch gültig ist, die Orange mit der Wange festzuhalten, wenn sie ein Stück verrutscht ist, oder ob die Orange genau auf Stirnhöhe gehalten werden muss.

Zum Tanzen eignet sich gut Musik aus der Palette der aktuellen Hits, vielleicht kann ja auch ein Kind eine CD mitbringen.

Gruppenritual

Meditation

Das Gruppenritual ermöglicht Besinnung und Konzentration auf das Kommende.

Hauptteil

Kreativ

Bibel-Quiz

Das Bibel-Quiz macht die Bibel als Schatz für die Kinder nochmals erlebbar und weckt ihre Neugierde auf die Erzählungen und Texte, die in ihr enthalten sind. Die Fragen, die im Quiz gestellt werden, können nur durch Nachschlagen in der Bibel beantwortet werden; die entsprechenden Bibelstellen sind zwar immer angegeben, dennoch sollten Sie den Kindern vor Beginn des Spiels zeigen, wie man in der Bibel die entsprechenden Stellen findet, und ihnen auch beim Quiz behilflich sein, wenn sie beim Nachschlagen Probleme haben.

Das Quiz können Sie mit der ganzen Gruppe durchführen oder die Kinder in kleinere Gruppen teilen, in denen sie dann die Lösungen suchen.

Die Vorbereitung zum Bibel-Quiz (Kop. 1, Seite 156f.) können Sie vervielfältigen und austeilen. Jede Gruppe bekommt eine eigene Bibel zum Nachschlagen.

Auch wenn die Kinder in Gruppen die Quizfragen beantworten, sollte jedes Kind seinen eigenen Spielbogen bekommen, den es anschließend mit nach Hause nehmen kann.

Alternative zum Hauptteil

Kreativ

Kommunionkerze gestalten

Für die Feier der ersten Kommunion ist Licht ein wichtiges Symbol. Sie können daher mit Ihrer Gruppe für jedes Kind eine Kommunionkerze basteln. Die Kommunionkerzen der Kinder werden mit Blattwachs in verschiedenen Farben verziert. Folgende Symbole eignen sich für die Gestaltung besonders: Trauben, Weinstock, Brot, Fische, Ähren, Kreuz, Wasser, Regenbogen, Namen des Kindes, Datum der ersten Kommunion.

Für die Gestaltung mit Blattwachs gibt es verschiedene Möglichkeiten: Die Formen können mit einem kleinen scharfen Messer aus Blattwachs ausgeschnitten und anschließend auf die Kerze aufgedrückt werden. Dies ist besonders bei der Gestaltung von größeren Flächen ratsam. Bei kleineren Formen, wie etwa Blumen, Ähren, oder bei der Gestaltung von Aufschriften ist es sinnvoller, aus Blattwachs kleine Kügelchen oder feine Fäden zu formen und zu kneten und diese dann auf die Kerze aufzudrücken.

Abschluss

Gebet

Die Kinder versammeln sich in einem Kreis um die Gruppenkerze. Ein Kind zündet die Kerze an. Die Kinder haben im Bibeltext auf das Wort Gottes gehört. Nun sollen sie versuchen, in eigenen Worten zu Gott zu sprechen, indem sie frei Fürbitten formulieren.

Da die meisten Kinder Ihrer Gruppe mit der Form des freien Gebets wahrscheinlich kaum Erfahrung haben, ist es hilfreich, dass Sie Vorbild sind. Sprechen Sie – ruhig auch öfter und abwechselnd mit den Kindern – Fürbitten, die verschiedene Lebensbereiche betreffen. Das regt auch die Kinder an, sich über ihr Leben Gedanken zu machen und diese zu äußern. Formulieren Sie Ihre Fürbitten in sehr einfachen, schlichten

Worten. Dadurch werden die Kinder ermutigt, auch in ihrer kindlichen Sprache frei Bitten zu formulieren. Zusammen mit den Kindern können Sie die formulierten Bitten auch aufschreiben und in die Vorbereitung der Kommunionfeier einbringen.

Für zu Hause

Jedes Kind erhält eine (neue) Kopie des Bibel-Quiz (Kop. 1, S. 156f.) und/oder ggf. seine verzierte Kommunionkerze mit nach Hause.

KOPIERVORLAGE

1 Bibel-Quiz

1. Sieben Menschen, von denen uns die Bibel erzählt, arbeiten auf diesen Bildern. Welchen Beruf üben sie aus? Leider sind die Namen auf diesem Bild durcheinandergeraten, aber zu jedem findest du eine Bibelstelle.
Lies dort nach, dann weißt du, welche Zeichnung zu welcher Person gehört, und du kannst sie durch eine farbige Linie miteinander verbinden.

Augustus (Lukas 2,1-20)   Lukas (Kolosserbrief 4,7-8)
Zachäus (Lukas 19,1-10)   David (1 Samuel 16,1-13)
Josef (Matthäus 13,54-58)   Zacharias (Lukas 1,5-25)
Simon Petrus und Andreas (Matthäus 4,18-22)

2. Im Alter von zwölf Jahren bereitet Jesus seinen Eltern große Sorgen. Er ist auf der Heimreise von Jerusalem plötzlich verschwunden. Wo er geblieben ist, kannst du im Evangelium des Lukas 2,41-52 nachlesen. Schreibe die Lösung hier auf:

_____

3. Als Jesus nach Jerusalem hineinzog, legten die Menschen einen Teppich für ihn auf die Straße. Die Leute auf diesem Bild haben zehn Gegenstände auf die Straße gelegt, die da nicht hingehören. Wenn du in der Bibel die Erzählung Markus 11,1-11 nachliest, weißt du, was hier nicht hingehört. Male diese Gegenstände farbig an.

4. Mit welchem Verkehrsmittel ist Jesus hier wohl unterwegs? Verbinde die Punkte der Reihenfolge nach mit einer Linie, um es herauszufinden. Was Jesus und seine Jünger in der dazugehörenden biblischen Erzählung erleben, kannst du in der Bibel im Evangelium des Markus 4,35-41 nachlesen.

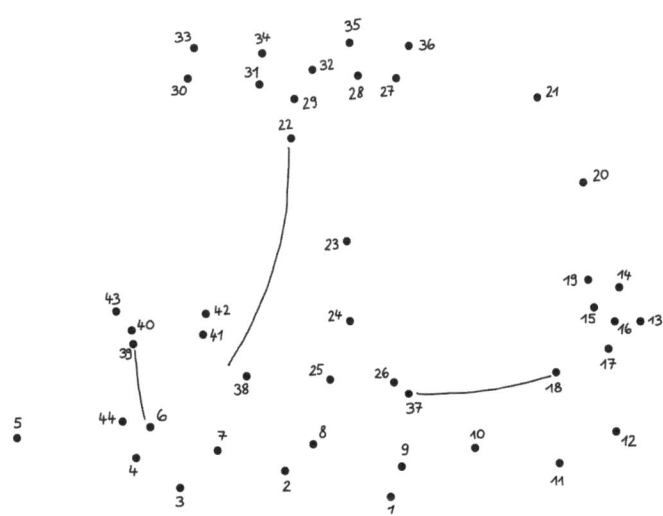

19. Gemeinde –
Miteinander weitergehen

Vgl. Familienbuch Seite 120–123

Die Gemeinschaft mit Jesus gilt für unser ganzes Leben. Jesus zieht
seine Einladung an uns nicht zurück. Als Familie und als Gruppe sind
wir Teil dieser größeren Gemeinschaft, die Gemeinde heißt. Die
Gemeinschaft unserer Gemeinde hilft uns, die Einladung Gottes immer
wieder anzunehmen.

Zeit	Element	Material
15′	Einstieg	
5′	Gruppenritual	• vgl. Tabelle auf Seite 26f.
25′	Hauptteil	• ein Blatt Papier DIN A4, das laut Anleitung vorbereitet ist • pro Kind ein Kuvert, das laut Anleitung vorbereitet ist • pro Kind ein leeres DIN-A4-Blatt • Klebstoff • Farbstifte oder Faserschreiber
25′	Abschluss	• evtl. Begleiter von Kindergruppen der Gemeinde einladen • Gruppenkerze • Streichhölzer • Kekse • Saft • Gläser • pro Kind eine Kopie des Liedes „Gesegnet und beschenkt" (Kop. 1, Seite 163) • Familienbuch

	Für zu Hause	• pro Kind eine kleine Schraube • pro Kind die Geschichte „Die kleine Schraube" (Kop. 2, Seite 164)
Merkposten/Notizen/Auswertung		

Einstieg

Spiel

Die Kinder können sich einige der Spiele aussuchen, die ihnen in den vergangenen Kindertreffen am besten gefallen haben.

Gespräch

Die Kinder erzählen der Gruppe von ihrem Kommunion-Fest und tauschen sich gegenseitig aus.
* Wie haben wir den Tag verbracht?
* Was hat uns am besten gefallen?

Sie sollten bei diesem Gespräch mit der Gruppe darauf achten, dass es nicht hauptsächlich darum geht, wer die meisten Geschenke bekommen hat.

Es ist möglich, diesen Baustein auch vor dem Erstkommunionfesttag durchzuführen; es müssen die Fragen dann allerdings anders gestellt werden:
* Wie werden wir in der Familie den Festtag gestalten?
* Wer feiert mit mir zusammen diesen Tag?
* Worauf freue ich mich ganz besonders?

Gruppenritual

Meditation

Das Gruppenritual ermöglicht Besinnung und Konzentration auf das Kommende.

Hauptteil

Text

Sie oder ein Kind Ihrer Gruppe lesen die folgende Geschichte vor:

> ### DIE KLEINE SCHRAUBE
> Eine kleine Schraube sitzt in einem riesigen Schiff mit tausend anderen Schrauben und hält zwei Stahlplatten zusammen. Eines Tages sagt die Schraube: „Ich will es mir ein bisschen bequem machen; das ist ja meine eigene Sache und geht niemand etwas an!"
> Aber als die anderen Schrauben hören, dass da eine etwas locker werden will, da protestieren sie und rufen: „Bist du verrückt? Wenn du herausfällst, dann wird es nicht lange dauern, bis auch wir herausfallen!"
> Zwei größere eiserne Rippen schlagen auch Alarm: „Um Gottes willen, haltet die Platten zusammen, denn sonst ist es auch um uns geschehen!"
> In Windeseile geht das Gerücht durch das ganze Schiff: „Die kleine Schraube hat was vor!" Alles ist entsetzt. Der riesige Körper des Schiffes ächzt und bebt in allen Fugen. Und alle Rippen, Platten und Schrauben senden eine gemeinsame Botschaft an die kleine Schraube und bitten sie, nur ja an ihrer Stelle zu bleiben, sonst werde das ganze Schiff untergehen und keiner werde den Hafen erreichen.

Gespräch

* Was wollte die kleine Schraube machen?
* Wie reagierten die anderen Schrauben und Metallteile?
* Welche Folgen hätte es, wenn die kleine Schraube lockerlassen würde?

Mit unserer Gemeinschaft in der Kirche, mit der großen Gemeinschaft der Christen, der Freunde Gottes, ist es ähnlich wie mit diesem Schiff in der Geschichte. Jeder Einzelne von uns ist wichtig, um die Gemeinschaft zu erhalten. Wenn jemand lockerlässt, weil er seine wichtige Aufgabe für Gott und seine Mitmenschen nicht mehr weiterführen möchte, kommt das ganze Gefüge ins Wanken. Womöglich fällt die Gemeinschaft dann auseinander wie ein Schiff, dessen Schrauben herausfallen und es nicht mehr zusammenhalten. Jeder von uns, du und du und ich, alle sind wichtig für die Gemeinschaft.

Kreativ

Ein Gemeinschafts-Schiff für jedes Kind

Als Vorbereitung für dieses Puzzle zeichnen Sie ein Schiff auf ein DIN-A4-Blatt, und in dieses Schiff oder auf ein Segel schreiben Sie die beiden folgenden Sätze:
„Wir alle gehören zu Gott. Zusammen mit anderen Menschen in unserer Gemeinde können wir die Freundschaft mit Gott besonders gut spüren."

Dann kopieren Sie dieses Blatt für jedes Kind, zerschneiden jedoch jedes Bild in etwa 10 Puzzleteile, die Sie dann in ein Kuvert geben.
Nun geben Sie jedem Kind sein Kuvert mit einem Puzzle, das es nun zusammenfügen und anschließend auf ein Blatt Papier aufkleben soll. Dann kann jedes Kind sein Schiff mit Farben ausgestalten.

Gespräch

Wenn die Kinder mit dem Malen fertig sind, treffen Sie sich mit ihnen in einem Kreis. Ein Kind liest die Sätze, die auf seinem Schiff stehen, laut vor.
* Was können diese Sätze für uns bedeuten?
* Was wollen wir in Zukunft gemeinsam unternehmen?

Abschluss

Gemeinschaft

Falls Sie Ihre Kindergruppe nicht selbst weiterführen können, laden Sie die Gruppenleiter der in Ihrer Gemeinde bereits bestehenden Kinder- und Ministrantengruppen zum Kindertreffen ein. Diese stellen sich vor, erzählen, was sie in ihren Gruppen alles gemeinsam machen, und laden die Kinder zu einem Treffen ihrer Gruppen ein. Vielleicht können Sie die Gruppenleiter dazu anregen, Fotos oder Dias von Sommerfreizeiten oder anderen Unternehmungen mitzubringen und sie den Kindern zu zeigen.
Gegen Ende kann sich ein gemütliches Beisammensein der Gruppenleiter und Ihrer Kinder entwickeln, mit Keksen, Saft und der entzündeten Gruppenkerze in der Mitte. Die Kinder können Fragen stellen, die Gruppenleiter erzählen ihrerseits von ihren Gruppen und den Aktivitäten, die diese Gruppen unternehmen.
Die eingeladenen Gruppenleiter können auch das Lieblingsspiel ihrer Kindergruppe mit den Kindern der Kommuniongruppe spielen oder das Lieblingslied ihrer Gruppe mit den Kommunionkindern singen.
Den Abschluss bilden das Gebet „Guter Gott", im Familienbuch auf Seite 121, und das Lied „Gesegnet und beschenkt" (Kop. 1, Seite 163).

Für zu Hause

Jedes Kind erhält zur Erinnerung an die Geschichte den Text (Kop. 2, Seite 164) und eine kleine Schraube.

1 Lied

Gesegnet und beschenkt

Text und Musik: Norbert M. Becker

♩=108 (Swing)

D h⁷ e⁷ A⁴ A

1. Ge - seg - net und be - schenkt gehn wir gleich nach Hau - se.
2. Ge - seg - net und be - schenkt blei - ben wir ver - bun - den.
3. Ge - seg - net und be - schenkt ge - hen wir in Frie - den.

G A/G D/F♯ A⁴ A

Du gehst uns - re We - ge mit und lässt uns nicht al - lein.
Je - su Freund-schaft soll in un - serm Le - ben Krei - se ziehn.
Du, Gott, willst, dass al - le Men - schen glück - lich sind und frei.

D h⁷ G/A

Wir dan - ken dir, Gott, für das Le - ben!___ Wir
(vor dem Segen) Wir

D h⁷ G A D

dan - ken dir für dei - nen Se - gen!___ Wir
bit - ten dich um dei - nen Se - gen!___

D h⁷ G/A

dan - ken dir, Gott, für das Le - ben!___ Wir
(vor dem Segen) Wir

D h⁷ G A D *Fine*

dan - ken dir für dei - nen Se - gen!
bit - ten dich um dei - nen Se - gen!___

D h⁷ G/A

(pfeifen)

2 Text

DIE KLEINE SCHRAUBE

Eine kleine Schraube sitzt in einem riesigen Schiff mit tausend anderen Schrauben und hält zwei Stahlplatten zusammen. Eines Tages sagt die Schraube: „Ich will es mir ein bisschen bequem machen; das ist ja meine eigene Sache und geht niemand etwas an!"

Aber als die anderen Schrauben hören, dass da eine etwas locker werden will, da protestieren sie und rufen: „Bist du verrückt? Wenn du herausfällst, dann wird es nicht lange dauern, bis auch wir herausfallen!"

Zwei größere eiserne Rippen schlagen auch Alarm: „Um Gottes willen, haltet die Platten zusammen, denn sonst ist es auch um uns geschehen!"

In Windeseile geht das Gerücht durch das ganze Schiff: „Die kleine Schraube hat was vor!" Alles ist entsetzt. Der riesige Körper des Schiffes ächzt und bebt in allen Fugen. Und alle Rippen, Platten und Schrauben senden eine gemeinsame Botschaft an die kleine Schraube und bitten sie, nur ja an ihrer Stelle zu bleiben, sonst werde das ganze Schiff untergehen und keiner werde den Hafen erreichen.

20. Kirche – In der ganzen Welt zu Hause

Vgl. Familienbuch Seite 124–127

In fast allen Ländern der Erde leben Christen. Die katholische Kirche ist eine weltweite Gemeinschaft (= communio). In der Feier der Eucharistie am Sonntag sind wir mit Jesus Christus, mit unseren Verstorbenen und mit unseren Schwestern und Brüdern in der ganzen Welt verbunden. Im Sakrament der Firmung, stärkt uns der Heilige Geist für unser Christsein in der nahen und fernen Welt.

Zeit	Element	Material
10′	Einstieg	
5′	Gruppenritual	• vgl. Tabelle auf Seite 26f.
40′	Hauptteil	• ein Globus oder eine Weltkarte (Atlas) • Weltkirchenspiel in DIN-A3-Kopie(n) aus dem Familienbuch, Seite 126f. • eine Spielfigur pro Mitspieler • Zahlenwürfel • (Wachs-)Malstifte • großflächiges Plakat (z.B. aus mehreren DIN-A3-Bögen)
15′	Abschluss	• Gruppenkerze • Streichhölzer
	Für zu Hause	• pro Kind eine Kopie des Ausmalbildes „Gott hält die ganze Welt in seiner Hand" (Kop. 1, Seite 169)
Merkposten/Notizen/Auswertung		

Einstieg

Spiel

Gordischer Knoten

Die Kinder stellen sich im Kreis auf, schließen die Augen und gehen mit vorgestreckten Armen auf die Mitte zu. Dort fassen sie mit jeder Hand je eine Hand eines anderen Teilnehmers. Alternativ können die Kinder auch eng zusammenstehen und dann eine andere Hand suchen. Dadurch bildet sich ein wirrer Knäuel. Aufgabe ist – ohne die Hände loszulassen – durch achtsames Drübersteigen und Untendurch-Kriechen den Knoten so zu entwirren, dass eine (oder mehrere) geschlossene Kinderkette entsteht. Als Gruppenleiterin achten Sie darauf, dass sich niemand verrenkt/verletzt.

Gruppenritual

Meditation

Das Gruppenritual ermöglicht Besinnung und Konzentration auf das Kommende.

Hauptteil

Gespräch

Sie haben einen Globus oder eine Weltkarte (Atlas) mitgebracht. Suchen Sie mit den Kindern gemeinsam Ihren (ungefähren) Aufenthaltsort. Bitten Sie die Kinder, der Reihe nach der Gruppe zu erzählen, wo sie und ggf. ihre Familienmitglieder geboren sind und in welchem Land sie schon einmal gewesen sind.

Spiel

Weltkirchenspiel

Spielen Sie miteinander das Weltkirchenspiel. Kopieren Sie dazu bitte die entsprechende Seite 126–127 aus dem Familienbuch auf DIN-A3-Papier.
Hilfreich ist es, wenn Sie sich im Vorfeld bereits Gedanken über die Lösungen machen.

Kreativ

Malen Sie gemeinsam mit den Kindern ein großflächiges Plakatbild zum Thema: Kirche – eine weltweite Gemeinschaft. Überlegen Sie zunächst gemeinsam, wie Sie das Plakat gestalten wollen und wo Sie es möglicherweise aufhängen oder präsentieren können.

Alternative zum Hauptteil

Spurensuche

Eine Art „Schnitzeljagd" durch die Gemeinde und die nähere Umgebung, um die Vielfalt christlichen Lebens im Wohnumfeld (neu) kennenzulernen (Kirchen in der Umgebung, Einrichtungen in kirchlicher Trägerschaft, Friedhof, Wegkreuze/Kapellen usw.). Bestenfalls bereiten dies die Gruppenbegleiterinnen mehrerer Kindergruppen (oder das Katechetische Leitungsteam) vor. Wenn mehrere Kindergruppen die „Spurensuche" am selben Tag durchführen, sind eventuell auch weitere Gemeindemitglieder bereit, einen Nachmittag zu investieren, um an den jeweiligen Stationen etwas zu erklären, mit den Gruppen zu spielen etc.
Der gemeinsame Abschluss könnte dann in der Kirche stattfinden.

Abschluss

Gebet

Segnung der Kinder

Sie bilden mit der Gruppe stehend einen Kreis. Ein Kind stellt die Gruppenkerze in die Mitte und entzündet sie. Nach einer kurzen Phase der Stille lesen Sie das folgende Segensgebet vor:

> GUTER GOTT!
> Du hältst die ganze Welt in deiner Hand.
> Was auch immer geschieht, wo auch immer wir sind,
> in der Kommunion sind wir mit dir und allen Christen auf der Welt verbunden.
> Nichts kann uns trennen von deiner Liebe.
> Du bleibst mit deinem Segen bei uns. Amen.

Anschließend segnen Sie reihum jedes Kind einzeln, indem Sie ihm mit dem Daumen ein Kreuzzeichen auf die Stirn zeichnen mit den Worten:
„Gott segne und behüte dich, (Namen des Kindes).
Im Namen des Vaters und des Sohnes und des Heiligen Geistes. Amen".

Für zu Hause

Jedes Kind erhält eine Kopie des Ausmalbildes „Gott hält die ganze Welt in seiner Hand" (Kop. 1, Seite 169).

1 Ausmalbild

Gott hält die ganze Welt in seiner Hand

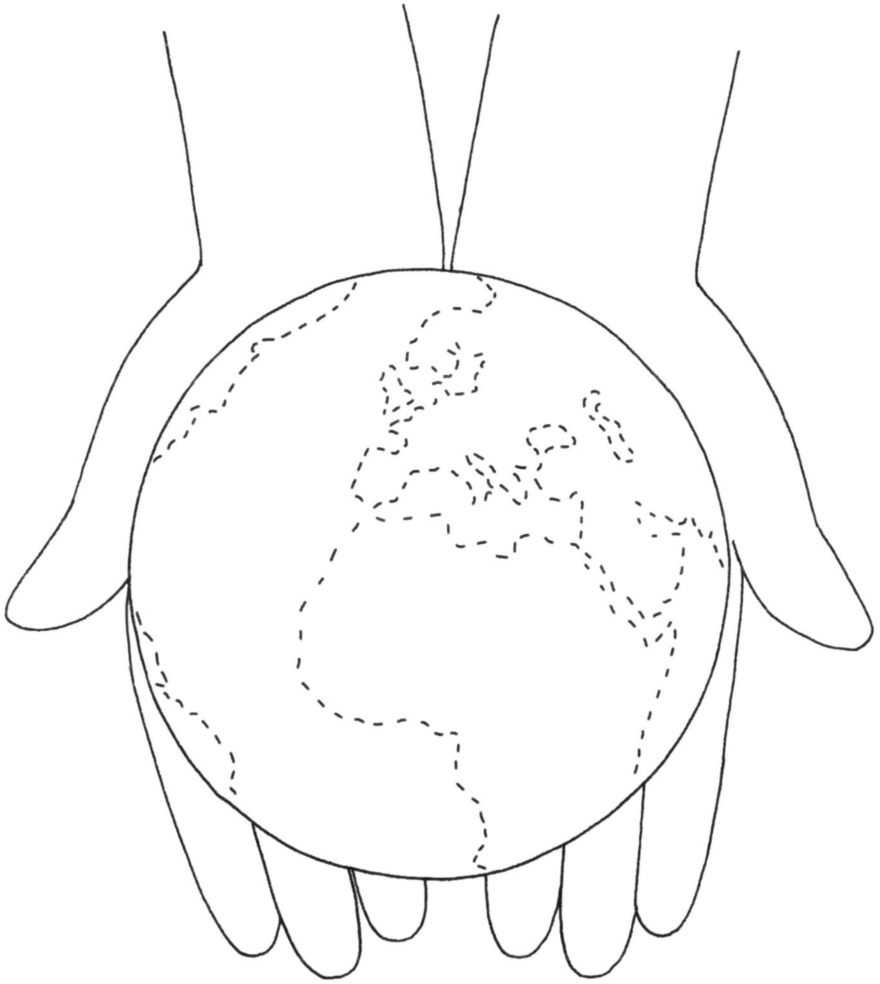

Quellenverzeichnis

S. 7   Vorwort

Begleiter und Begleiterin: Aus Gründen der besseren Lesbarkeit wird im Folgenden zumeist auf eine doppelgeschlechtliche Nennung verzichtet. Das jeweils nicht genannte Geschlecht ist natürlich immer in gleichem Maße mit angesprochen.

S. 31   Was uns wichtig ist, Zitat aus: Bernhard Grom, Religiöse Sozialisation in der Familie. Zur Bedeutung eines unterschätzten Lernorts, in: Stimmen der Zeit 214 (1996), S. 607-610

S. 40   Irmela Brender, Wir. Rechte bei der Autorin

S. 45   Zeit © Barbara Berger/Melanie Schramm

S. 52   Foto © Reuters/Max Rossi

S. 53   Alltag in Peru, vgl. Bischöfliche Aktion ADVENIAT, Hilfe der deutschen Katholiken für die Kirche in Lateinamerika, in Zusammenarbeit mit dem Katechetischen Institut (KI) der Diözese Würzburg (Hg.), Schulkalender 1997, Essen 1997, Monatsblatt Februar

S. 58   Friede © Barbara Berger/Melanie Schramm

S. 62   Der Tod ist, Zitat aus: Wilhelm Willms, wie das weizenkorn, in: Dietrich Steinwede (Hg.), Osterjubel. Erzählungen und Gedichte zum Ostergeschehen. Gütersloher Verlagshaus, Gütersloh 1996, S. 69

S. 80   Natalie Oettli, Die Brücke, in: Vorlesebuch Religion 1, Dietrich Steinwede, Sabine Ruprecht © Persen-Verlag, Buxtehude – AAP Lehrerfachverlage GmbH

S. 97   Guter Gott © Barbara Berger

S. 102 Vor der Haustür © Barbara Berger

S. 123 Alle Menschen sind © Barbara Berger/Melanie Schramm

S. 125 Mt 6, 30-44, Gute Nachricht Bibel, revidierte Fassung, durchgesehene Ausgabe © 2000 Deutsche Bibelgesellschaft, Stuttgart

S. 160 und 164 Die kleine Schraube, nach Ruyard Kipling